印 顺 法 师 佛 学 著 作 系 列

药师经讲记

释印顺 著

中华书局

图书在版编目(CIP)数据

药师经讲记/释印顺著. —北京:中华书局,2010.6
(2025.9重印)
(印顺法师佛学著作系列)
ISBN 978-7-101-07481-9

Ⅰ.药…　Ⅱ.释…　Ⅲ.大乘-佛经-研究
Ⅳ.B942.1

中国版本图书馆 CIP 数据核字(2010)第 130453 号

经台湾财团法人印顺文教基金会授权出版

书　　　名	药师经讲记
著　　　者	释印顺
丛　书　名	印顺法师佛学著作系列
责任编辑	朱立峰
封面设计	毛　淳
责任印制	管　斌
出版发行	中华书局
	(北京市丰台区太平桥西里 38 号　100073)
	http://www.zhbc.com.cn
	E-mail:zhbc@zhbc.com.cn
印　　　刷	三河市鑫金马印装有限公司
版　　　次	2010 年 6 月第 1 版
	2025 年 9 月第 8 次印刷
规　　　格	开本/880×1230 毫米　1/32
	印张 4¼　插页 2　字数 90 千字
印　　　数	17001—18500 册
国际书号	ISBN 978-7-101-07481-9
定　　　价	25.00 元

"印顺法师佛学著作系列"出版说明

　　释印顺(1906—2005),当代佛学泰斗,博通三藏,著述宏富,对印度佛教、中国佛教的经典、制度、历史和思想作了全面深入的梳理、辨析与阐释,取得了一系列重要学术成果,成为汉语佛学研究的杰出典范。同时,他继承和发展了太虚法师的人生佛教思想,建立起自成一家之言的人间佛教思想体系,对二十世纪中叶以来汉传佛教的走向产生了深刻影响,受到佛教界和学术界的的高度重视。

　　经台湾印顺文教基金会授权,我局于 2009 年出版《印顺法师佛学著作全集》(23 卷),系统、全面地介绍了印顺法师的佛学研究成果和思想,受到学术界、佛教界的广泛欢迎。应读者要求,我局今推出"印顺法师佛学著作系列",将印顺法师的佛学著作以单行本的形式逐一出版,以满足不同领域读者的研究和阅读需要。为方便学界引用,《全集》和"系列"所收各书页码完全一致。

　　"印顺法师佛学著作系列"的编辑出版以印顺文教基金会提供的台湾正闻出版社出版的印顺法师著作为底本,改繁体竖排为简体横排。以下就编辑原则、修订内容,以及与正闻版的区别等问题,略作说明。

编辑原则

编辑工作以尊重原著为第一原则,在此基础上作必要的编辑加工,以符合大陆的出版规范。

修订内容

由于原作是历年陆续出版的,各书编辑体例、编辑规范不一。我们对此作了适度统一,并订正了原版存在的一些疏漏讹误,主要包括以下几项:

1. 原书讹误的订正:

正闻版的一些疏漏之处,如引文、纪年换算、人名、书名等,本版经仔细核查后予以改正。

2. 标点符号的订正:

正闻版的标点符号使用不合大陆出版规范处甚多,本版作了较大幅度的订正。特别是正闻版对于各书中出现的经名、品名、书名、篇名,或以书名号标注,或以引号标注,或未加标注;本版则对书中出现的经名(有的书包括品名)、书名、篇名均以书名号标示,以方便读者。

3. 梵巴文词汇的删削订正:

正闻版各册(特别是专书部分)大都在人名、地名、名相术语后一再重复标出梵文或巴利文原文,不合同类学术著作惯例,且影响流畅阅读。本版对梵巴文标注作了适度删削,同时根据《望月佛教大辞典》、平川彰《佛教汉梵大辞典》、荻原云来《梵和大辞典》等工具书,订正了原版的某些拼写错误。

4. 原书注释中参见作者其他相关著作之处颇多,为方便读者查找核对,本版各书所有互相参见之处,均分别标出正闻版和本版两种页码。

5. 原书中有极少数文字不符合大陆通行的表述方式,征得著作权人同意,在不改变文义的前提下,略作删改。

印顺法师佛学著作对汉语佛学研究有极为深广的影响,同时在国际佛学界的影响也日益突出。我们希望"印顺法师佛学著作系列"的出版,有助于推进我国的佛教学以及相关学科的研究。

中华书局编辑部
二〇一一年三月

目　　录

悬　　论

　　一　叙缘起………001

　　二　释经题………004

　　三　明翻译………013

正　　释

　　甲一　缘起分………017

　　　乙一　叙事证信………017

　　　乙二　礼请起说………024

　　甲二　正宗分………030

　　　乙一　如来开示………030

　　　丙一　依正行愿………030

　　　丁一　总标依正………030

　　　丁二　别陈行愿………032

　　　　戊一　行愿………032

　　　　己一　总说………032

　　　　己二　别叙………034

　　　　　庚一　生佛平等愿………034

　　庚二　开晓事业愿………036

　　庚三　无尽资生愿………038

　　庚四　安立大道愿………039

　　庚五　戒行清净愿………040

　　庚六　诸根具足愿………042

　　庚七　身心康乐愿………044

　　庚八　转女成男愿………045

　　庚九　回邪归正愿………046

　　庚十　从缚得脱愿………048

　　庚十一　得妙饮食愿………049

　　庚十二　得妙衣具愿………051

　己三　总结………051

戊二　果德………053

　己一　说略指广………053

　己二　以西喻东………054

　己三　以伴赞主………055

丁三　结劝往生………056

丙二　善巧方便………056

丁一　闻名忆念益………056

戊一　离恶益………056

　己一　离悭吝贪惜恶………056

　己二　离毁犯见慢恶………059

　己三　离嫉妒诽谤恶………062

　己四　离斗讼咒诅恶………064

　　戊二　得善益………067

　　　己一　得往生净土益………067

　　　己二　得上生天国益………069

　　　己三　得还生人间益………070

　　　己四　得转生丈夫益………071

　丁二　持咒治病益………072

　　戊一　由愿观苦………072

　　戊二　入定说咒………073

　　戊三　持咒灭苦………077

　　戊四　结劝受持………077

　丁三　供养受持益………078

　　戊一　供养得护持益………078

　　　己一　修供养行………078

　　　己二　得护持益………080

　　　　庚一　曼殊护持………080

　　　　庚二　诸天护持………081

　　戊二　受持得加被益………084

　　　己一　受持仪轨………084

　　　己二　受持效益………086

　　　　庚一　获福益………086

　　　　庚二　免难益………088

　　　　　辛一　百怪出现难………088

　　　　　辛二　一切怖畏难………089

　　　　　辛三　内乱外患难………090

辛四　毁犯堕落难………091

辛五　女人生产难………093

丙三　德行叵思………095

丁一　信解难得………095

戊一　问答决定………095

戊二　信谤德失………098

戊三　信解希有………100

丁二　功德无尽………101

乙二　菩萨弘传………102

丙一　开示弘通………102

丁一　救病难以延命………102

戊一　说延寿法………102

己一　起说………102

己二　正明………103

庚一　病患垂危………103

庚二　神识受报………103

庚三　作福续命………106

庚四　励力行善………107

己三　结劝………108

戊二　明延寿仪………108

己一　问………108

己二　答………109

丁二　救国难以延命………110

丁三　救众难以延命………113

丙二　问答释疑………114

丙三　结劝修度………117

乙三　药叉誓护………119

甲三　流通分………123

乙一　阿难问名………123

乙二　大众奉行………124

悬　论

一　叙缘起

《药师经》，民国二十三年，太虚大师在宁波阿育王寺曾讲过一次，法缘极盛，当时还记下一部很好的讲记。

我们的国家，多灾多难，特别是今年，大陆闹着空前未有的大水灾。我们来弘扬药师法门，是显得最有意义的。因为种种灾难，是由众生业力所招感，佛教本着解救众生苦难的慈悲立场，设有消灾法门，使众生消除业障，脱离灾难。本寺九月将启建药师法会，为上至元首下及军民人等祈祷，大家能消灾延寿，免难得福。所以在法会之前，先讲本经，了解得其中意义，将来大家参预法会，一方面仗三宝威力加被，一方面自己依法进修，才能真正达成消灾免难的目的——此是讲说本经的近因缘。

虚大师讲说本经时，说有三大因缘：一、近代人类重视现生安乐。现代人类所重视的是现实的人生，要求现实生活得理想、安乐。佛法所说的乐，有三种：（一）现法乐，（二）后世乐，（三）究竟解脱乐。世间众生有种种苦痛的煎迫，所以要求出苦,倾向安乐;而一般所希求的安乐,总不外乎现生乐、后世乐,或是究竟解脱乐。这因为,众生的根性各异,生活于不同的时空里,其所企求的安乐境界也就有所不同。有的众生倾向后有乐,有的众生要求究竟解脱乐,而现代人类则特别重视现法乐。释尊开创佛教,其基本精神是导致众生同证究竟解脱乐,所以说佛法是出世的。然众生的要求不同,若但说究竟解脱乐,便不能普应那乐求不同的广大众生,因此释迦佛又开示东方净土的药师法门与西方净土的弥陀法门。一般以为药师佛是延生的,阿弥陀佛是度亡的,其实这是通俗的说法。若根据佛法的正义来说,东方药师琉璃光如来的净土法门,是适应一类众生希求的现生乐;西方阿弥陀佛的净土法门,则是适应另一类众生所希求的后世乐。但这二者,都同以此为方便,引导趣入大乘,得究竟解脱为终极。

本来,无论西方极乐世界,或是东方净琉璃世界,我们谁也不晓得,都是释迦牟尼佛告诉我们才知道的,所以这都是释尊大悲救世的善巧方便。为了引导要求现法乐的众生,即示以东方药师的净土法门;为了引导要求后世乐的众生,即示以阿弥陀佛的净土法门,两者同为圆满究竟法门所流出的妙用。大师所以要特别倡导这药师法门,因一般佛教徒多偏重于西方的念佛法门,着重于死后的往生安乐土,每引起社会人士的误解。其实佛法是本于释尊的解脱乐,双开东西二净土,同弘现生后世乐。重现生乐的法门,事实上更适应于现代人类的根性,所以大师特为倡导,以适应现代人类,发挥佛法的大用。

二、东方净土与中国。佛说:"从此西方过十万亿佛土,有世界名曰极乐"；同时又说：从"东方去此过十殑伽沙等佛土，有世界名曰净琉璃"。释尊开示了二大法门，固然东方西方的净土都有着真实意义，但释尊出生于印度，即就我们这小小的世界来看，也是异常适合，富有深长意义的。如印度以西的人，多倾向类似弥陀净土的思想；印度以东的人，又多类似药师净土的精神。这是说，从印度向西去，人民的宗教思想，无论回教或基督教，总是信仰一神，死后求生于天国，重于信仰及后法乐。故佛说西方净土，不但十万亿土外的极乐，印度以西的国家，如转秽为净，也是极乐净土式的，重视后生乐。自印度向东，如中国则不然，孔子说："未知生，焉知死。"东方的文化思想，特别着重现生乐，实与药师佛的净土相近。所以此经最能适应中国人心。

三、依药师净土创建人间净土。我们对于药师法门，平时只着重消灾延寿，而不知药师如来在过去生中，曾发菩提心，发广大愿，行大悲行，而后才成就无上佛果，成就清净光明的琉璃世界。关于这，经里说得极其详细，我们参加药师法会，应该一面祈求药师如来恩德的加被，一面依佛因地所发的大愿、所行的悲行，照着去躬行实践，以资自净化他，完成人间净土。民国二十二年，戴季陶院长于宝华山启建药师法会，领导大众如药师佛那样发十二大愿。如能依此大愿去实行，不但个己小小灾难可以消除，就是整个国家社会甚至整个世界，也可转为庄严净土。因药师的东方净土，即是依其本愿功德而实现的。我们若能实践此一法门，那么，我们这个充满无边苦难的恶浊世界，不就可转成清净的净琉璃世界吗？所以我们听讲此经，应如此理解与实行，而祈求人间净土的建立。

二　释经题

本经的经题，据佛说有三个名称：一、药师琉璃光如来本愿功德；二、十二神将饶益有情结愿神咒；三、拔除一切业障。现在流通的本经，是以第一名称为经题。因为拔一切业障，就是药师如来本愿功德的力量；十二神将的饶益有情，也只是护持药师如来的功德法，而令有情获得此功德的法益。所以以本摄末，立名为《药师琉璃光如来本愿功德经》。

"药师"：现代谈到药师，只是配药的人，而古代却不然，药师与医生的含义一样。佛法中常称佛陀为无上医王或大药师，因佛能治疗一切众生的种种疾病。经里说：人的生理上有三种病——老、病、死；心理上也有三种病——贪、嗔、痴。大觉佛陀出世救济众生，即是为了拔除众生身心的种种病患，故赞叹佛为大医王、大药师。我们不可把含有崇高意义的药师一名，视为普通的配药人。

什么是病？什么是药？病，即是由于不调和所起的现象，如经说："一大不调，百一病生。"人的身体，某一部分不调和，即会有病，更会影响到全身的不调和。心的不调也是这样，我们心理若是有点反常现象，或是有了某种烦恼，便会牵连及全部精神的不安。如此说来，世间的病患就多了，从各个众生的身心而扩大到家国、社会乃至整个世界，莫不病患重重。如一个家庭，若父子夫妻兄弟姊妹不调和，此一家庭就是有病；一个团体中的组织分子不调和，此一团体也即有病；再扩大言之，政治不上轨道，是国家病；人类不相调协，是世界病。有病即有苦，所以种种灾难，种种苦痛，无一不是导致于冲突不和而产生的病态。在个己方面，我们平常也许会自以为没有病，其实依佛法说，"人生无有不病时"，不过微而不觉罢了。人生从来离不了病。我们既生而为人，则必定有身有心，有五脏六腑等生理组织，而这些组织因素，时时发生矛盾，时时都在病中。不过若能使它倾向于调和，调和的成分多，身体就称为健康。从这个意义去看，世间的一切，有痛苦，有灾难，即无非是病。

　　众生有病，便需治之以药。世间的医药以及政治法律等，都可说是药；但在佛法中，药就是佛法——法药。唯有佛法方能疗治一切疾病。刚才说，病有身心、家庭、团体、国家、世界等不同病态；凡能够减除苦痛，使苦痛变成安乐的，都是药，因此可说世间什么都是药，处处都有药，不过我们不知，若懂得了就什么皆可治病。过去有位学医的，将要毕业的时候，医师为欲考验他的学力如何，便命他上山采药，要他见了药都采了来。结果他去了一天，仍然空手回来。医师问他何故空手而归？他说满山的树木花草、土石沙砾，样样是药，药太多了，叫我从何采起！这是说，世间一切都是药，都可以治病，问题在用药的人是否理解药性，会不会应病与药。佛法是不定法，众生有种种病，佛就用种种法药去对治，因为佛法是依众生的病而施设的，所以说众生有八万四千烦恼，佛说八万四千法门。有了什么病，就治以什么药，若拘执为这是药那不是药，那就离佛法远了。

　　关于药与病，已如上所说，现在再谈能知病源能应用药的人——药师。佛法说有两种药师：一为小药师，一为大药师。小药师的医术不太高明,药箱里也只有一两样药,只能治疗一两种病;大药师就不同,他的药箱里具备了种种药,应有尽有,而且医术高明,能深察病情,精用药物。这喻诸佛菩萨,圆具精深的智慧,宏伟的愿力,广大的悲行,有种种法门,种种的妙药,众生有什么病即能治以什么药,千变万化奇形怪状的病患,配以千差万殊的药方,皆能运用自如,从无差错;决非偏执一方一法的小药师可比。

药师治病,有标治与本治的不同。头痛治头,脚患医脚,是标治;探究病源以彻底根除病患,是本治。顶好的医治,是一面培养元气,一面预防足以致病的因素,也即是治于未然,这才是上等治法。在心理方面,如教以正当知见,信因果,信三宝;在生理健康方面,教以重视卫生,勤于运动,善自调摄。身心若预先调好,根本不会生病。如果不预先防备,而待病发之后才用药治好,已是下等治法。这虽是必须的,但到底不及前者。俗语说:"刀伤药虽好,不割更妙。"讲究治本的,是培养身心的健康,使各部平衡发展,消除疾病的因素。治家病、治国病,也如此。如病发生以后才去医治,实已迟了一着。上等药师无不标本兼治,问题还是在病人本身,如医生教他注重卫生,预防病素,他不听,结果才病倒下来。

佛给众生治病,也有治标治本二法。归依三宝之后,能依教法而按步进修,从愿行中慢慢地体验。种种烦恼、种种苦痛,自然就会由减少而终至完全根绝,以达最高理想的实现。但普通人不能如此,不知平时进修,善的不保留,不扩充;坏的不减除,反而与日俱增。身心不知调摄,家事不善处置,国事不善治理,

弄得毛病发作,痛苦无边!佛法为救治众生身心的种种病苦,故
有消灾免难的标治法门。在病人,虽不免被讥为"平时不烧香,
临时抱佛脚",然能猛自回头,急求三宝加被,还不失消灾得乐
的时机。只怕不认病,不求医,那才死而后已。所以,能切实依
教奉行,苦难不消而自消,福慧不增而自增。欲求免难延寿消灾
障,大家要奉行本标兼治。

依照佛陀治病的方便,还可分为二:一正治,二奇治。正治,
是一般的治疗法;奇治,是特殊的治疗法。毒药是害人的,但真
正的名医,砒石也可当药,这是特殊的奇治。但奇治不易,每会
发生危险,而一般的治法则较为稳当、安全,不致引生意外。佛
的治法也有正常道和特殊办法,如佛说无我,是根本正治;但有
些众生不能了解,心生恐怖,或是曲解佛意,抹煞因果,向恶拒
善,佛于是不得不又说有我,以正其偏弊。这类正用反用,种种
慈济众生的方便,不胜枚举。总之,全视众生患何种病,即治以
何种药。正路虽远而平坦易行,曲道虽近而崎岖危险。这点,修
学佛法的人非首先了解不可。

药师,本可为一切佛的通称,佛都能善治众生病的。佛体察
众生的种种病情,能施设运用种种法药——八万四千法门,即是
八万四千法药。如作大类的分别:有人天法药,小乘法药,以及
自利利他的菩萨法药等。约此意义,一切诸佛都是无上医王,都
是大药师。不过东方净土的如来,特别重视消灾免难,特重于治
理众生身病,所以特以药师为名。究竟的无上的药师,唯是佛
陀,而佛弟子依佛教法修学,或自学,或讲说以利化,多少学习了
佛陀的法药,多少救治众生的病苦,也可以称为药师。

"琉璃光"：也是东方佛的名字。此中所说的琉璃，不是琉璃灯、琉璃瓦等琉璃，而是梵语"薜琉璃"的略译，是一种宝物。颜色如万里无云的碧空，又如澄清深彻的海水；体质坚固，如金刚石，为极希有的珍宝。这是以琉璃宝的光辉、明净而比喻佛德，所以东方药师佛又以琉璃光为名。

琉璃宝，或释作远山宝。依佛教说，我们的这一世界，当中是须弥山，山的周围有四大部洲，须弥山的四峰皆是宝类所成。南赡部洲所对的山峰，即琉璃宝积聚而成。此宝山光辉映入空际，遂呈青色，故琉璃意译为远山宝。现代科学家对于天空何以会呈现青色，当然有他的解说。而佛出印度，取印度当时的见解，解说为由于琉璃宝光的反映。

佛与菩萨，皆是依德立名。但佛德崇高，没有完美适当的，所以只能从佛（自利或利他）德的某特性，或用譬喻来勉强诠示。如须弥山王佛，是以巍峨高大的山王，比拟佛德的伟大崇高；如栴檀香佛，因佛的德香远闻，故以栴檀香立名；又如雷音王佛，形容佛的法音远震，如空中的雷音一样，震撼世界。佛的名号以德或从譬喻安立，这里的琉璃光，也是从比类来赞佛的德性。

琉璃光的含义，现在略说两点：一、依众生的心境说：本经以东方佛土为净琉璃世界，佛名琉璃光如来；辅佛宣扬正法的是日光遍照和月光遍照二菩萨。前面说过，琉璃宝即是远山宝，琉璃光系由远山宝映现于空际的光彩；而今此二菩萨以名喻德，当然如日月行空，普照一切。众生——人类在生死轮回的过程中，都有一种向上向光明的趣向和要求；佛陀随应众生的心境，也就以明净的青天与日月表征如来的德性。向上向光明的趣求,是人类普遍而本能的共同希望;佛教,固然是倾向于真理与光明,即一般的低级宗教,也同样向上向光明的。多神教中,崇拜太阳、月亮;基督教的上帝,虽说无形无像,而见上帝的也是赫赫的光明;又如印度宗教有天的崇拜,天(梵语提婆)的意义也就是光明。所以人类对于日月光辉或明净空界的景仰,只是渴求光明与明净的内心表现。人类的本性便是向光明的,不过如知识幼稚的,信(太阳月亮)神,信鬼,而不能自觉景仰光明的真实意义——归向于佛陀,引发而实现佛性的明净。所以药师法门,即以青天与日月的光明表征佛菩萨的功德,显示人类最高的理想界。

世间的光明,无过于日光和月光。此二种光明,同是清净的,象征希望与幸福的。然多少也有些不同,大致说来,日光是温暖的,富有热力的,一切的一切,在日光朗照下,都能明显地发露出来。这喻如智慧的光明,能给予世间以热力,能透过蒙昧,灼照一切,通达世出世法的真相。月光呢,它是清凉的,安宁的,幽静的;它在黑夜中放出皎洁清辉,引导人们走上正路,避诸险难,具有大悲慈济的意义。太阳光给人以热力、光明、幸福和希望;月亮给人以清凉、安宁、幽静的境界。光和热,能够激发我们奋发向上;而清凉与宁静,足以陶冶我们的性灵,获得自在与安定——这都为人生所必须的。

现实世界,人人都有倾向光明的意欲,人生要有光明的人生,社会也要有光明的社会。中国古有"光天化日"四字形容光明的社会。唐朝武则天皇帝,有以佛教思想导入政治的抱负。

她想使政治走上正轨,人民得以过着幸福康乐的生活,所以她特别造了"曌"字,作为自己的名号;"曌"读为照,便是日月临空的意思。由此可见她是怎样地憧憬着光明幸福的远景!然而,以上所列举的是一般人类的光明倾向;真能引导我们达到终极目标,使我们达到究竟的光明的人生境地,唯是佛法。故唯有大家向佛法的大道上走,才能完成究竟圆满的人生,才能使我们达于永久光明、无限光明的境界。

二、约佛陀的证境说:佛的自证境界,本是不可以心思口议,平等平等,无有差别,离一切相的。约从离无明暗翳而显证说,称佛的自证境界为最清净法界,犹如净虚空;或称毕竟空,或称空性,都从现证的真性说。琉璃光,即佛的自觉境界。如如智契如如理,在平等一法界中,显发无边光明(清净功德),朗耀皎洁,平等无差别,不是混混沌沌黑漆一团,故喻佛的自证境为琉璃光。佛果的圆满境界,实在不可思议,不可言说,所以经中每以菩萨的因德表达如来的果德。如毗卢遮那佛(也是光明遍照意),以文殊、普贤二大士表彰佛陀的大智与大行。或以四大菩萨表彰佛的悲(观音)、智(文殊)、行(普贤)、愿(地藏)。本经以日光遍照、月光遍照二菩萨,表彰药师佛的大智慧(日)与大慈悲(月),如日月光辉的遍照世间,普济一切。如来所有的无量无边功德,在这二大菩萨的德性中充分地表现出来。因此,药师佛又名琉璃光,他的国土是净琉璃世界,菩萨为日月光遍照,是具此一番深义的。东方净琉璃世界,表佛现证的清净法界;琉璃光,表无上菩提契证法界的德性;琉璃光(青天)是本体,日月运行于青天,放播光明,可说为从琉璃光而起的妙用。中国人一向重视太阳,对月亮却缺乏欣赏,所以重视温暖、热力,光明、希望,而说"光天化日"等。然印度却特别对月亮发生兴趣,"印度",即可解说为月亮;印度的文化思想(佛教也在内),皆特重于宁静、清凉的特德。近年来,世界局势越来越紧张,文化思潮愈来愈汹涌,宁静清凉的人生性德,也就越来越没落了。本来,动与静、热烈与安静、强光与微明、温暖与清凉,应互相协调而求平衡,这对于人性的发展、世局的安定,都是十分切需的。我们学佛,从凡夫到达圣者——佛的境界,必发挥这两面的德性;对治人世的嚣狂凌乱,应重视清凉与宁静。药师琉璃光如来,对此有着充分的圆满的表现,所以,能为人世一切苦难病患的救治者。

次解"如来":药师琉璃光是一佛的专名,如来是诸佛的通名,凡证获无上佛果的,皆可通称如来。梵语怛陀阿伽陀,有三义:即如来、如解、如说。(一)如来,如,是一模一样、没有差别的意思。菩萨到了功行圆满,以最高的智慧体证了究竟的真理,此真理就是如;佛是契此平等不二真如而来,故名如来。(二)如解,佛有无上的智慧,对世出世间的一切法相无不正确通达,毫无颠倒错乱,如法的实相而解了,是名如解。(三)如说,佛陀不仅是解悟正确,就是说法也如实而说。应该如何说就如何说,有如实说有,无如实说无,说得都恰到好处,故经里称佛为实语者、如语者、不诳语者、不异语者。如来、如解、如说,是佛陀所有的功德;译者因不能遍译三义,所以都译为如来。

"本愿功德":愿是愿欲,本愿即菩萨因地所发的弘愿。修学佛法,以发愿为先,可说为成佛的根本。菩萨在因地所发誓愿,有通有别,如愿成佛道,愿度众生,及"众生无边誓愿度"等四弘誓愿,名为通愿,是每一菩萨都如此发的。如阿弥陀佛在因地中发四十八愿,药师佛因地的十二大愿,便是别愿。大家别误会,以为发愿多,功德就大,发愿少,功德就小;要知道诸佛愿力,是平等平等的。愿是凡夫趋证佛果的动力,若无愿,便什么也不得成。不独修学大乘法门,即学小乘法,无愿也同样不能成就。所以修学菩萨,首先必须立定志愿,然后从愿起行,依行得证。阿弥陀佛和药师佛在菩萨因地发广大愿,行到目的地时,愿也就圆满成就了。本经题但出本愿功德,而经里却说到广大行,可见行是实践志愿的心要了。我们每天都发愿,但大都发愿而不能付诸实行,所以不能实现学佛——自利利人的目的。

功德,不但是在寺院里做些佛事。功是功力,如行布施、持戒、忍辱、礼佛、坐禅等,都要有一番功力;德即是得,修行而得成绩,做一分得一分,名为功德。依本愿去实践,所成就的功德,称为本愿功德。

"经":梵语修多罗,本义为贯串摄持的线。释尊在世,随机说法,现今集成为一段一章,一部部的经典,是佛灭度后弟子们结集成的。各类的法门,有组织地贯串起来,像一朵朵的花,用线贯穿而成花鬘,便不会散失。经也这样,佛在世时随时随地说法,若不加以编集,就难得保存于久远了。佛说的法,是究竟的真理与德行,可给我们永久学习,永久依循,所以经又含有恒常法则的意义。佛说的名为经,佛弟子的述说,不名经而名论,这是表示尊重佛说。如中国古典而有价值的,如《书》、《诗》、《易》等,也叫做经。

以上,对经题作分别的解释,现在把它综合起来:经是一切佛经的总名,是能诠教法;药师琉璃光如来本愿功德,是本经的别名,是所诠表的理行果法。所诠法中,本愿功德,约因地行愿说;药师琉璃光如来,约果德说。果德中,如来是一切佛的通称;药师琉璃光,是本经东方佛土教主的别名。别名中,药师喻佛的大慈悲;琉璃光显佛的大智慧。经题有因、果,悲、智;下面经文即对于悲智因果等,作圆满的开示。

三　明翻译

佛法虽说在不同的区域为不同的众生说,但释尊出生于印度,一切佛经都是以印度文字集录的。以印度文编成的经典,必须译成华文,我们始能理解。所以从事译经工作极为重要,过去多少大德都献身为译经事业而努力。像本经的译者玄奘三藏,在我国的翻译史上就有辉煌的功绩。

本经传来中国,共有五次翻译。第一译,为东晋帛尸梨密多罗三藏所译,经名《佛说灌顶拔除过罪生死得度经》。唯此并无单行本,系附于《佛说灌顶大神咒经》中;《灌顶经》属于密部的法典,有十二卷,本经为最后一卷。尸梨密多罗,此云吉祥友;帛,是龟兹国的王家姓,所以帛尸梨密多罗三藏大抵是龟兹国人。第二译,是刘宋慧简法师所译,名为《药师琉璃光经》,今已失传。据古人说,此译文义并不十分圆满。第三译,为隋炀帝时达磨笈多译,名《佛说药师如来本愿经》,经本现存。达磨笈多,此云法藏或法护,他曾译无著的《摄大乘论》《金刚经论》,可说是一位唯识学者。但非他一人独译，还有助译人，所以题作达磨笈多等译。第四译，就是现今的讲本，系唐朝玄奘三藏所译。第五译，是唐武则天时代的义净法师所译，大约迟奘法师二三十年。义净法师从广州出发，循海路经越南、锡兰等地，也经历许多艰难始达印度，遍访全印的著名学者，回国后译出此经，名《佛说药师琉璃光七佛如来本愿功德经》，共二卷，内容较前四译为广。

现在所据的讲本，是玄奘法师译的。谈到奘法师，可说妇孺皆知，不过一般对于奘师的传闻，大多从《西游记》中得来，离奇怪诞而不符史实。我们要知正确可靠的历史，可读藏经中的《慈恩三藏传》。奘师河南人，出家后遍参名德，研究经论，发现中国传译的经典有许多出入，义理也有可疑处，使后学者无从依据。为要从印度探求圆满的佛法，于是毅然远游印度，在印留学十七年，到过一百多个国家，遍学大小圣典，至唐太宗贞观十九年始负经归国。当时，上自皇室，下至庶民，无不热烈欢迎，恭敬礼拜。归国后，即致力于译事，译出了大量的经典，为译经史上写下不可磨灭的一页！

《西游记》说，唐僧西天取经曾历九九八十一难，吃尽人间辛苦。事实虽不如此，但在往返的旅途中，经沙漠，越高岭，确也吃了不少苦头。像奘法师等古德，为什么要受尽那许多艰辛险难，而到印度去求经？这因为，他知道佛法能够救济众生，使众生离苦得乐。因此，他不避险难，置生死于度外，由大悲心的驱使，希望成就众生，就是牺牲了自己也无所谓。古诗云："去者成百归无十"，可见取经的艰难危险！所以译出的经典，完全是古德用自己的生命换来的,我们现在能够读到这些圣典,应该饮水思源,感念古德的恩德。

"唐"是唐朝,皇帝姓李。"三藏"是经、律、论三藏,奘法师能博通三藏教典,故尊称为三藏"法师"。此经是奉皇帝的意旨而译出来的,所以又说"奉诏译"。

现在要略辨五译的同异:本经的前四译大致相同,只有义净译稍异。前者只说药师净土,义净译则有七佛净土。如说:"东方去此,过四殑伽河沙佛土,有世界名曰无胜,佛号善名称吉祥王如来……",乃至"东方去此,过九殑伽沙佛土,有世界名善住宝海,佛号法海胜慧游戏神通如来……"这其中六段,都与前四译不同。到了说到药师如来的净土,就与四译相同。但同中又有稍异:(一)前四种译本,在佛宣说神咒之后,只说大众得闻药师佛名而获利益,义净译则说闻七佛名而得益。(二)义净译药叉神将闻了七佛名号发愿护法,及时诸人众起,七佛应召来会证明其事等文,为其余译本所无。(三)义净译多了七佛说咒,名定力琉璃光。(四)奘译没有金刚及梵释诸天各说咒语。现存所依的玄奘译本,其中药师如来所说的神咒一段,也是从义净译录出而插进去的。但帛尸梨密多罗所译也有咒语,不过不是在当中,而是附于经末。关于这点,太虚大师曾有论到:佛法,不独小乘,即大乘也是因地而异、因时而异。比方佛灭度百年后,小乘蓬勃,大乘隐晦;从五百至八百年间,大乘盛行,密教还不大兴盛;后来才慢慢活跃起来,这是因时而异。第一译者帛尸梨密多罗三藏是龟兹人,密法早就流传在龟兹,所以他就编译《大灌顶神咒经》。义净到印度时,正是印度密典盛行的时代,故义净三藏译出的本典,密宗的色彩较重,奘公及达磨笈多等则较少。

这里附带一谈净土法门与秘密法门的关系。在过去,有些净土行者不满意密教,而密教学者也多少轻视净土。其实净与密,关系最为密切,其性质也最为接近。比方本经,若除却咒语,便纯粹是净土法门;加上了咒语,便又通于密部。又如《阿弥陀经》是纯净土法典,但如"拔一切业障根本得生净土陀罗尼",也就通于密部。这与本经相同,本经药师所说咒也是拔除一切业障。还有,不论净土或秘密教,佛或本尊,其加被力最受重视。如阿弥陀佛的愿力,或药师如来的本愿力,都极重要;而行者对于佛或本尊的不可思议力,更须要具足充分的信心,绝不容许有丝毫的疑念。又密部的念咒和净土的念佛,同是以口发音声作为修行的方便。密宗修观,观想其崇拜的对象——本尊,如大日如来、观音、文殊等菩萨;不动、阎鬘德迦等金刚,到观行成就,本尊现前,即可与自己晤谈,开示法语。净土法门的念佛观修成,佛也同样可以现前,如《般舟三昧经》说。这二类法门,非常相近。如现讲的《药师经》,教我们诵经、念佛、或持咒,可说都是属于显教的修行法。金刚智、不空、一行三藏等密教大师,都曾有药师仪轨;所以本经,通于净土及秘密法门,通于显、密二教。

正　　释

甲一　缘起分

乙一　叙事证信

如是我闻：一时薄伽梵游化诸国，至广严城，住乐音树下。

本经全文，分三大科：即缘起、正宗、流通三分。叙述佛说此经的因缘，是缘起分。由此而引起开示全经的中心主题，为正宗分。佛说法，不但是为了当前的听众，且远为未来的众生，所以还要嘱咐流通，化化不绝，是流通分。

缘起分中，又分叙事证信与礼请起说，通常称为通序与别序。叙事证信，是叙述佛在何时何地为何等人开示此一法门，以及当时在场听众共有若干，以表示结集经典的人确曾从佛听来，不是妄自杜撰，这才能取得后人的信仰。《智度论》说："说时、方、人，为令人生信故。"如现代的会议记录，必记下时间、地点、出席人数及其议案，以示有史实可稽。佛教圣典，不像外道经书，说不出出处，而假借以天降，或是从山洞里得来，甚至说是由乩坛里扶乩得来！

"如是我闻"，明所闻的法门。是说：如此之法——这部经典,是我(结集者)亲自听来的。这是佛入灭后,弟子结集经典时所按的。佛当时说法,不像现代有笔记或录音,大家都是从佛那里听来的;在结集时,阿难或其他同人,不管结集到哪一部经,开头总是说"如是我闻",用以表示从佛得来。这本是浅而易懂的,然古德每每因浅解深,所以有很多解释。现在简单地说:如,约义理方面说,佛所说的,是不异法,其义理绝无两样,所以称如;而显义文字,能恰当地吻合义理,故说是;文义都正确而无差错,名为如是。闻本是耳闻,但仅依耳根,实不能成闻,必须有意识以及其他因缘同时俱起,才能发生听闻了解的功用。依世俗谛说,六根六识的总和,假名为我;假我是总,根识是别。所以现在废别立总,不说耳闻而说我闻。

　　或许有人发生疑问,以为佛法既说无我,此中为什么又说我闻?世人不明佛法,发生这类的疑难着实不少。从前有位聪明小沙弥,读诵《心经》,读到"无眼耳鼻舌身意"时,不觉怀疑起来,就到师父那里,摸摸自己的眼睛、耳朵、鼻子,问师父是什么?师父说:眼睛、耳朵、鼻子都不知道吗?他说:既然我的眼睛、耳朵好端端的,为什么经里说无眼耳鼻舌呢?结果师父也无从回答。又古代有位德山法师,善讲《金刚经》。他背着《金刚经注疏》去参访,路旁见一老婆婆在卖点心,便歇下来,打算买些点心充饥。老婆婆问他包里是什么?他说是《金刚经注疏》。老婆婆又问:《金刚经》说"过去心不可得,现在心不可得,未来心不可得",那你到底想点的哪个心?德山无以为答,便把经疏烧掉。

　　佛经说无眼耳鼻舌身意,说三心不可得,而事实上,这种种

（根）身心之法，却又显然而存在的；同样地，佛法尽管说无我，而在世俗谛中，因缘和合的假我却又是不可否定的。这在一般人似乎是矛盾而不可理解。须知五蕴假合的我，与空无我性的我，其含义是迥然不同的。我们的意识中，总觉得有个我运动于时空中，而且是常住不变、独立而自主存在的。这样的我，是神我、自性我，佛法否定了它，所以说无我。因为从头至足，从物质到精神，任凭怎样去寻求，都没有丝毫的自性可得，故"无眼耳鼻舌身意"，"无我无众生"。然而五蕴和合，心身所起的统一作用却是有的，虽有而如幻如化；这幻化不实的和合相，即假名为我。假名我，不但凡夫有，即声闻圣者也无例外。有人问佛：阿罗汉可否说我？佛说：可以。假我虽有，但不同凡夫错觉中的实我和外道妄执的常我、神我。明乎此，佛法的说我与无我，说眼耳鼻舌与无眼耳鼻舌，并不矛盾，于真俗二谛才能融通无碍。

"一时"，指说法的时间。这是从法会开始到法会圆满的那一个时候。所以不说某年某月某日，因为佛法要流传到各国去，各地的时间不同，如中国夜间九时，美国便是清晨了；又如阴历阳历也相差很远，实在无法确指，所以只泛称一时。

"薄伽梵"，是佛陀的尊称，意译为世尊，指说法主——释迦牟尼佛。因含有吉祥、端严、炽盛等多义，所以多含不翻，仍保存它的原音。今就其本义，略述两点：一、薄伽梵是巧分别：佛能善巧分别诸法相，即对宇宙人生的真相无不彻底通达，了了明达，虽说一切法相，而不违第一义谛，故称为巧分别。二、能破：众生无始以来，受了根本无明以及种种烦恼的蒙蔽与缠缚，从来没有获得真正的解脱和自由；小乘声闻、大乘菩萨，虽都在解脱道上，但尚未到达究竟目的。唯有大觉佛陀,彻底断尽一切无明烦恼,证得一切智智,真正获得了大自在、大解脱,所以尊称佛为薄伽梵。

"游化诸国,至广严城,住乐音树下",这是说法的地方。佛陀,永远是顾念着众生的苦厄和灾难,所以经常地往来恒河一带,游行教化,使无量无数的苦恼众生都能沾法雨的润泽。不但佛陀如此,即当时的佛弟子们也都经常到诸方去游化的。后代的出家佛子,每欢喜坐化一方,这容易发生问题。因为一地方住久了,渐渐就把寺院、产业,甚至佛教信众看作己有。同时,资生物件也越来越多,贪染心也便越加滋长,不知觉地陷入利欲深渊而不能自拔。故为利济众生想,节制自我的私欲想,佛陀特别注重游化诸方。广严城,是梵语毗舍离的意译。因为土地广,文化高,物产富,人民的生活都安乐舒适,故名广严。据今学者考证,此城在恒河以北巴特那地方。广严城是总名,佛住的地方是城外郊区的乐音树下。佛说法没有一定的处所,有时在庄严宽敞的大厦,有时则在幽静的树林间。此地所说的乐音树,不止一棵两棵,应该是乐音林。因为树多,大家坐在林下听法。微风吹动枝叶,便作种种自然音声,犹如奏乐,所以叫做乐音树。

与大苾刍众八千人俱;菩萨摩诃萨三万六千,及国王、大臣、婆罗门、居士,天、龙八部,人非人等,无量大众,恭敬围绕,而为说法。

这是列举听法的大众。本经为大乘教典,普为一切众生逗机启教,所以所列举的,有声闻众、菩萨众、人天众等。佛为众生开示法门,圆满究竟而又广大普及的。如大根器的众生,听了得大益；小根器的听了得小益。所以佛法的分别大小等类，实以行者的发心和愿行为主：若行愿广大悲切，处处以利济众生为前提，即是大乘；若行愿偏狭，时时以自了生死为大事，则为小乘；如于本经，若但求免难消灾，人天福报，不厌生死，而以世间欲乐为目的，便是人天乘。

　　释尊宣说本经时，第一类听众，是"苾刍众"，即行声闻法、证阿罗汉果的小乘人。这应有四众——比丘、比丘尼、沙弥、沙弥尼，或加式叉摩那为五众，不过出家众以比丘为主体，故特举为声闻乘的代表。苾刍，即比丘的异译，其主要意义为乞士。出家比丘过的是乞士生活，无论衣、食、住等，依信徒的布施来维持；同时又从佛乞法。这样，一方面向施主乞食以维持色身，另方面从佛乞法以养慧命，故名比丘——乞士。"与"会的比丘众，有"八千人"，其实不止此数，这不过约"大"比丘说。大，不是年龄老大，而是指那能精勤修学，业已断尽一切烦恼，证得无学阿罗汉果的圣者。众是众多，比丘过着团体生活，团体非一人二人，所以每称比丘为众——僧。现在，这许多大比丘们，"俱"集在一个地方——乐音树下，共听佛的说法。这并非一群乌合之众；他们有着同一的知见，同一的戒守，同一的意志，大家一心一德，共住一处，为法修行，过着和乐清净的僧团生活。

　　第二类听众，是"三万六千"的"菩萨摩诃萨"；此为修学大乘法门的菩萨众。大乘与小乘的界说极简单明确，如专为独善的，自了生死的，便是小乘；若不仅独善其身，而兼度一切众生的，即为大乘。菩萨为梵语菩提萨埵的简译，此译觉（菩提）有情（萨埵）。凡有生命活动的、有情识作用的、在生死轮回中的，不论是天、人、鬼、畜、地狱,通是有情。菩萨有高度的智慧,是有觉悟分的有情,也即是有情中的觉悟者。又,在修学过程中,菩萨一面上求佛道,一面下化众生。佛的大菩提,众生——甚至小乘行者不知希求,唯有菩萨知道希求;同时,众生的无边苦痛,也唯有菩萨肯发心伸垂救之手,给予援助,使众生获清凉法味。这是约上求与下化、智慧与慈悲,而说名菩萨。

　　一听说菩萨,大家就会联想到曼殊、普贤、观音、地藏等大菩萨,其实菩萨是有大小和浅深的。我们如肯学菩萨上求下化的精神,我们当下就已经是菩萨了,不过是初发心菩萨。由浅至深,从小至大,如小学一年级到大学,同样名为学生,只是学力的差别而已。所以,如人人能上求下化,人人都发菩提心、行菩萨行,人人即是菩萨。菩萨的名称极通泛,但此处所说的三万六千菩萨是指的大菩萨——摩诃萨。摩诃是大,萨即萨埵(有情),合称大有情。经里说,大菩萨于一切众生中最为上首,是人中的领导者;有高超的智慧、深切的悲心、广大的行愿,成就了无边净功德法,所以说是大有情。如曼殊、观音等初地以上的菩萨,都是此中所指的大菩萨。除了三万六千大菩萨而外,应该还有许多十信、十住、十行、十回向等位次菩萨也在会听法。药师法会的大菩萨有三万六千,比起八千众的大苾刍,超过多多,可见学大乘法门的多于小乘。

　　“及国王、大臣、婆罗门、居士,天、龙八部,人、非人等,无量大众”。这是第三类的人天众,也可以说是大乘或小乘根性的未决定者。人中,此处举四类:(一)国王:王为自在义,于国政权衡,有着自由自主的决定作用,故名为王。这通指一国的领袖、元首、主席、总统等。(二)大臣：是国王的助手，协助国王处理国家政务和卫国安民的要员，如现代政府中的院长、部长之类。(三)婆罗门：译为净行，是印度四阶级之一，他们不事耕种，不做生意，也不做工，专门执行祭祀的职务。印度极重视祭祀，而祭祀也有一定祭法，必须聘请专门人才——祭师，方能如法举行。因此，印度社会就产生一种地位极高的宗教师阶级——婆罗门阶级。(四)居士：印度社会的第三阶级，叫做吠舍，也就是一种自由民，其中富有的、有地位的绅士即被称为居士。以现代说，他们是属于资产阶级，是地主或工商界的实业巨子。中国每称在家学佛的人为居士，这是不符印度居士本义的，不过现在已成了习惯，也就通行而解说为居家之士。以上的王、臣、婆罗门及居士，只是由四姓阶级中举出有力量有地位的人，作为人众的代表，其他参预法会的，当然还不少。

天龙八部，属于天众。然而既说是天，何以又有龙等八部？因为，天有高级和低级的分别，有些鬼畜，因为福报大，得以受生天上，受天的统摄，所以也算是天众。八部各有名称(下文再详)，今但提出天、龙二名为代表。天，即光明之义，指空界中的神明。依佛法说，有二十八天。关于龙的传说，印度与中国大致相同。据说，龙的形态跟蛇差不多，而鱼和虾蟆也可化为龙。这个世界的下雨、落雪、降冰雹，都与龙有关。龙等八部，都是守护佛的神将。如中国的寺院中，一进山门就有威风凛凛的四大天王或二大金刚的神像，站岗一般地镇守着。这是善的护法神。八部中，也有性情暴戾、善于捣乱的不良分子，那是没有受过佛法熏陶的；受过佛法熏陶的八部，不但维护佛法，而且也乐意护卫修学佛法的善人。国王、大臣等是人,天龙八部则系非人,故经说人非人等。

释迦佛的教化众生,主要对象是人,如菩萨、比丘、国王、大臣等,都是出自人间或现人身的。天龙八部只是护法者。它们深知佛法的好处,所以发愿护持佛法,凡是法会道场,以及修持佛法的行者,它们都乐于保护。所以它们虽属非人,佛教也非常尊重它们。不过我们总得认清,佛法是以人为中心的,天龙鬼神仅处于旁听和护法的地位,不能反宾为主,专门着重敬奉天龙鬼神,倒把人本的佛法忽视了。我们对于天龙八部,可以恭敬供养,以犒赏其热心护法的辛劳,然而绝不能归依它。我们的真正归依处,是三宝。崇高而伟大的三宝,才是我们归依的对象。

如上所说,比丘、菩萨、国王、大臣、婆罗门、居士,天龙八部,人、非人等,这"无量"无数的法会"大众",虽然身份不同,阶级不同,职业不同,而大家都能有秩序地"恭敬围绕"着佛陀,如星拱月,聚精会神地安坐那里,谛听慈悲仁愍的佛陀"为"他们宣"说"微妙"法"门。

乙二　礼请起说

尔时,曼殊室利法王子,承佛威神,从座而起,偏袒一肩,右膝着地,向薄伽梵,曲躬合掌。

次说缘起分的礼请起说。"尔时",即大众围绕而听法的时候。"曼殊室利",为文殊师利的异译;文与曼,古音相近。曼殊室利,意译妙(曼殊)吉祥(室利),在大乘佛教中,是以智慧为特德的菩萨,曾为诸佛之师。"法王子",是菩萨的尊称。法王指佛陀,佛说"我为法王,于法自在"。法王子是菩萨,如国王的太子,是候补的国王,将来要继承王业的。曼殊室利为佛的继承者,所以称法王子。约这个意义,观音、地藏等大菩萨实也具备继承佛陀的资格,应该也可称为法王子的,而经中为何独以此名尊称文殊? 我们知道,佛果是由菩萨因行而来,菩萨因地有种种功德,而主要的是智慧;佛名觉者,也即大菩提;曼殊室利有高超的智慧,于诸菩萨中最为第一,与佛的大菩提相近,若再进一步,便是大觉的佛陀了,故经里处处称赞他为法王子。曼殊室利有大智慧,了解法会大众的内心要求,更深知末法众生对此法门的必要;由于悲愍心的驱使,觉得应由自己来启开这一救苦法门。于是,他"承"受了"佛"的"威神"之力,加被鼓励,便在广大的听众中,"从"自己的"座"位上从容地站立"起"来。"偏袒一肩,右膝着地",面对"薄伽梵(佛),曲躬合掌"。佛的威德,巍巍赫赫,不可思议,若无佛的威神慈悲加被,弟子们是不敢冒然启问的,恐自己的智力不够,问得不三不四;有了佛的威神力的加被,就有发问的胆量,而问题也可问得恰到好处。偏袒一肩,即露出右臂;右膝着地,即右边的膝盖靠着地面下跪;曲躬,就是鞠躬。这都是印度当时集会请法时,必用的一种崇重的礼节;为众生而向佛请法的曼殊当然也不能例外。这些既是礼节,本不必再作解说,但佛法即事表法,所以这也是富有深义的。偏袒一肩,表示荷担佛法;右膝着地,表示下化众生;曲躬表示内心的谦恭、至诚;合掌当胸,表向于中道。有说:十指即表示十波罗密,和合而归中道。我们礼佛,应该这样地观想。

白言:"世尊! 惟愿演说如是相类诸佛名号,及本大愿殊胜功

德,令诸闻者业障消除,为欲利乐像法转时诸有情故。"

上文是曼殊从意业而现的身业的恭敬,此中请法,即表口业的清净。曼殊是大智的代表者,然而所请的法门却为慈悲救济边事。可见慈悲须从智慧中流出,由智慧而摄导慈悲,才是佛教的真慈悲。

请法之前,曼殊先尊称一声"世尊",以表示恭敬恳切。他接着说:"惟愿"佛为我们"演说如是相类"的"诸佛名号",以"及"诸佛因地的"本大"行"愿",无边"殊胜功德"。因佛曾在《弥陀经》或其他经中,说过西方或其他的净土是如何如何的微妙庄严;其土有佛,是称什么什么;其佛的本愿功德,又是何等的伟大;众生闻其名称,或称念,或忆持,便可获得无量功德等。因此,曼殊代表大众,要求世尊宣示与此相类似(如是相类)的教法。

曼殊的劝请,纯为大智慧的表现、大慈悲的流露,非自求个己的利乐,所以他又向佛表示:这是为"令"末世"诸"听"闻者",能够因此得以"业障消除"。障是障碍,业即我们现生或过去事业所作的潜力。善业是不发生故障的;作的恶业多了,就要障我们的前途,尤其当我们要向光明的菩提道前进时,是最容易发生魔障的。例如家庭里,丈夫要学佛,妻子不赞成;妻子要学佛,丈夫不赞成。或因身体多病,或因事务羁缠,或因恶友包围,以致错失学佛的机会。或者愚痴不信佛法;或信佛法而家庭太穷,受着生活的鞭策拖累,无法抽身,于是永远陷在苦痛中,不能自拔。要弥补这些人生缺陷,只有修学净土(非专指西方)法门,时常念佛,与佛接近,就会消弭业障,增长善根,渐渐远离了逆境、恶人;得遇顺利环境、善人,受善者的引导,步上正途,生活于佛法的光明中。

佛在世时,是正法时代,众生的智慧利、业障轻,修学佛法易得受用,大多能获得果证。但过千年,到了像法时代,佛法都走了样,变了质,到处是一些相似的佛法,所以名像法。其时众生的善根浅薄,智慧暗钝,业障深重,苦难多而不易修学。所以这净土念佛法门,佛住世时原可不一定说(初五百年正法时代,净土念佛法门不大流行,就由于此),然"为欲利乐"那些福慧浅薄、烦恼特重的"像法转时"的一切"诸有情"之"故",不得不劝请佛陀,慈悲哀愍而为敷演了。

佛灭千年后,为像法时代;两千年后,即从像法转入末法时代,也就是我们这个时代。众生的善根越来越浅,烦恼越来越重,修行了生死者少,而苦痛愈来愈多。佛为慈济这些众生,所以应曼殊的请求,开示这简易的药师净土法门。

尔时,世尊赞曼殊室利童子言:"善哉!善哉!曼殊室利!汝以大悲,劝请我说诸佛名号,本愿功德,为拔业障所缠有情,利益安乐像法转时诸有情故。汝今谛听,极善思惟,当为汝说。"

上由曼殊室利代表启问诸佛名号及本愿功德,今佛允许开示。

当代众请法的"时"候,"世尊"便"赞"叹"曼殊室利童子"说:"善哉!善哉!"即是说:好极了!好极了!因为菩萨的劝请,不但适应众生的需要,而且契合佛陀救世的悲怀,所以世尊对他频频称许。

上称曼殊菩萨为法王子，此地又称他是童子。童子的含义，略说两点：一、约世俗说：菩萨都是随应众生而现身的，没有一定的形相；为什么样的众生，就示现什么样的身相，一切都是为了适应众生。不过，在诸大菩萨中，曼殊多示现童子相；如观音菩萨，多现女人身，虽然他有三十二应。曼殊菩萨的道场，据《华严经》说，是在印度东北的清凉山，中国佛学者一向肯定即山西五台山。从前无著文喜禅师，因仰慕曼殊菩萨，特地从老远的南方到北方去参拜，结果是走遍全山都不曾遇见菩萨，内心觉得非常失望，惭恨自己的善根浅薄。后来看见一个放牛的小孩，手里牵着一条牛，引导他去参见一位老者。禅师因遇不到曼殊菩萨，心里总有些怏怏不乐，可是等到与他们晤谈后，忽然小孩变了相，骑在一头狮子身上，显然就是曼殊菩萨。这一公案，见于中国的佛教传记。曼殊示现童子相的事迹，在中国很多。

二、约胜义说：菩萨修行，进入高阶段的时候，有一位次叫童子地（即第九地）。童子有良好的德性，一切是那么天真、纯洁，那么热情、和乐，易于与人为友，没有记恨心，不像世故深的成人那么虚伪、冷酷、无情。菩萨修到那阶段，洋溢着慈悲与智慧，热情与和乐，内心纯净，故以童子形容菩萨，表征菩萨的纯洁、天真、高尚、热情、和乐的美德。

佛因曼殊童子问法极为扼要、恰当，所以称赞他，接着便说："曼殊室利！汝以大悲"心，"劝请我"广"说诸佛名号"，及"本愿功德"；这是"为"了要救"拔"那些受"业障所缠"的"有情"，及"利益安乐像法转时"一切"有情"之"故"。这本为曼殊菩萨请说的话，现在佛把话重提一遍，以赞美印可他所问的合理。

缠,如绳索捆缚;人有了业障,受业障的牵制,就像被绳子纠缠住一样,不得自由。拔,即拯拔、救拔。众生受业障的缠缚,陷入生死苦痛泥泞之中,无力自拔,今由曼殊菩萨的悲愍,请求释尊开示诸佛圣号及本愿殊胜功德,使众生听闻以后能够依法受持,以挣脱业障的桎梏,跳出苦难的深渊。

谈到业障所缠,陡然想起:前天有位居士告诉我,某公司最近有一个人跳楼自杀,谁也找不出他自杀原因。听说这几天,他常觉得有两个什么人跟着他。近乎这类的事情实在很多。这不一定是非人所逼,大都是自己的业障现前。由于现世恶业或宿业所缠,才有种种灾难,种种不如意的遭遇。曼殊请佛说净土法门,就是要拔除这些业障,使人类过着自由、安乐的生活。

佛对曼殊的启请,先赞叹他所说的合理,后即允许他说:"汝今"可以静心"谛听",同时更须"极善思惟",我"当为汝"宣"说"。

谛听,即细心地、聚精会神地听;极善思惟,是要善巧地思考,将已听过的,用智慧加以抉择、思辨、审察。我们若听经闻法,最低限度应做到这两点:第一、集中精神,专心一意地听;第二、听闻以后,好好地思考一下,才能得到更深刻的理解。儒家教人治学,也要"慎思明辨",何况佛法?《般若经》曾说:有的人听了佛法觉得无味;有的虽乐意听法,但不留心,听过便忘;有的人虽能记得,但不加以思惟考察。这都是我们的宿习。如我们这一生听经不感兴趣,不肯用心,听了佛法,不肯深刻思惟,那么我们来生还是会这样的! 所以世尊开示曼殊室利,教他谛听,教他极善思惟。佛在宣说每一部经的开始,总反复提到:"谛听!

谛听！善思念之！"絮絮地叮咛策勉,实为大悲佛陀的苦口婆心！大家应该体会这点,切实遵重,切实学习,不可因为是常谈而等闲视之。

曼殊室利言："唯然！愿说,我等乐闻。"

"曼殊室利"听了佛的叮嘱教勉,即欢喜地答复世尊:是,是！世尊的诲导,我们当然唯命是从,现在"愿"您就"说","我等"弟子,都是好"乐"——极愿意听"闻"的！佛说,好乐闻法的程度,应如同饥饿的遇到美食,口渴的得到清凉饮料。我们沉沦于生死轮回之中,苦痛不堪,一旦遇到佛陀说法,慈悲救济,该是如何的欣喜呢！

甲二　正宗分

乙一　如来开示

丙一　依正行愿

丁一　总标依正

佛告曼殊室利："东方去此过十殑伽沙等佛土,有世界名净琉璃,佛号药师琉璃光如来、应、正等觉、明行圆满、善逝、世间解、无上士、调御丈夫、天人师、佛、薄伽梵。"

从这以下,是正宗分,今分三大科,即如来开示、菩萨弘传、药叉誓护。在如来开示中,先说药师如来的依正行愿。其中又分三段,先总标依正,即标明如来的正报(佛身)与依报(佛世界)。

"佛告"诉"曼殊室利"说:从我们的"此"一世界,向"东方去”，经“过”了“十殑伽沙”那么多的“佛”国“土”，“有”一个“世界，名”叫“净琉璃”。殑伽沙，即恒河沙的异译。恒河，意译天堂来，是印度有名的大河，河中的沙又细又多；佛多在恒河流域一带说法，所以每说到极多时，总是举恒河沙为喻。净琉璃世界，就在我们这个世界的东边，距离了十恒河沙等佛土之远。那个国土的“佛”，“号”称“琉璃光”。净琉璃是依报世界，琉璃光是正报佛名。琉璃光一名，上文已经解释。世界名净琉璃，即常寂光净土，以究竟清净真如为体。药师如来彻底破除无明障蔽，证得最清净法界，所以约所证成的境地——国土说，名净琉璃世界；而不离法界，圆具大智慧，光明遍照，能破一切愚痴暗昧，约能证智——佛说，名琉璃光。

从如来至薄伽梵等文，是佛的十大通号。这十名，全是依佛的功德而安立的。因佛的功德太大，一名不足以表诠；同时，印度的一般习惯，凡歌颂或赞美，多用十个名词，如帝释、大自在天，都有十号，佛法循世俗习惯，也采用十种名称赞佛。

十名中，一、“如来”，已如上释。二、“应”，即梵语阿罗诃的意译。因佛功德最为圆满，应受人天供养，为人天作大福田；又应已断净烦恼；应不再受生死。三、“正等觉”，即梵语的三藐三菩提。觉即觉悟，能通达一切法相，远离一切颠倒。但说正觉，可通于小乘；大乘称正等觉，等是普遍义，即普遍地觉了一切法真性。四、“明行圆满”，旧译明行足；圆满，就是足的意思。明是智慧，行如布施、持戒等万行；佛的福德智慧、自利利他功行，一切圆满具足，无欠无缺，故名明行圆满。五、“善逝”，逝，即去的意思，也就是入涅槃。小乘圣者，丢下无边苦恼众生，自己一人入涅槃,是逝而不善;大觉佛陀不离生死而证菩提,不舍众生而般涅槃,故名善逝。六、"世间解",解是解了:对世间事理、众生苦本、苦因,以及灭苦的方法、离苦的究竟处,都明达、解了。七、"无上士",士是士夫,佛于天上人间而独称尊,为人天的导师,故称无上士。八、"调御丈夫",调御如马师,能把暴戾的马训练成驯服的马。佛教化众生,无论众生的根性如何恶劣、乖戾,如何刚强难服,也能善巧调御,使他慢慢转向佛法,修学佛法而得成就。佛陀教化的方法不一,因人而异:有时慈颜爱语,赞叹鼓励,如说你行布施、持戒,功德无量,希有难得;有时则当头棒喝,诃斥一顿,如说你业障深重,愚痴无智,再不精进修行,必堕三途恶道。这等于调马,在软硬兼施的训导下,就可慢慢驯服。九、"天人师",佛出世间,不但教化人类,也同样教化天人。有无量诸天参预法会听法,故佛为天人的教师。十、"佛"即是觉者,能究竟觉悟生命的秘奥,和觉察世出世间的种种法相。"薄伽梵",即世尊。

至此为止,总标了东方净土的名称及佛陀的圣号。

丁二　别陈行愿

戊一　行愿

己一　总说

"曼殊室利!彼世尊药师琉璃光如来,本行菩萨道时,发十二大愿,令诸有情,所求皆得。

依正行愿中,上文已总标药师如来的国土(依报)及其名号(正报),现在要分别陈述药师如来的行愿。此科文长,又分三节,先总说。

佛呼"曼殊室利"说:"彼"东方净琉璃世界的"世尊,药师琉璃光如来",他所以证得圆满佛果,成就清净庄严的世界,即因过去生中,"本行菩萨道时",以大悲心,"发十二大愿",摄导众生。药师佛因地所发的大愿,不同凡夫的为了满足自我的欲求,也不像小乘的只顾自了生死,独善其身;自是慈悲心怀的流露,为了满足众生的愿欲。所以这里说,药师如来的本行大愿,是为了"令诸有情"的"所"有希"求,皆"能获"得"。如希求离生死苦,成菩提乐;或求往生净土;或有病患而要求痊愈;或因其他种种人生缺陷而要求弥补。如此各式各样的欲求,药师如来从他的大功德、慈悲善巧中,能随众生心所欲者,皆得满足。

因地发十二大愿,是愿力;令一切有情所求皆得,则是成佛以后,本愿功德的完满实现。佛在因地发了大愿,并非一切留到成佛以后,而是照愿心去实践,去求充实,这样,惑业渐渐蠲除,功德一天天增长,到了成佛,才究竟圆满。药师佛成大菩提时,十二广大悲愿都能一一如期实现,就因他在菩萨因地中,对自己所发的誓愿,能随分随力,躬行实践,一步步地做去,一点点地聚积,所以他一登大觉地,一切大愿也就宣告完成了。药师是如此,弥陀等也莫不如此。我们依愿去求,确能如愿感应,这必有其感应的力量存在。偈说:"福慧资粮力,诸佛加持力,及与法界力。"愿求之所以能获成就,实有这三种力量。一、自力:即自身方面,要集有福报及智慧的资粮,特别是信愿真切。如医生给你治眼疾,要眼有复明的机能;如眼睛真的坏了,再高明的医生也无能为力。二、佛的加被力:佛菩萨的悲愿,永远顾念着众生,光照着众生,只要众生的希求是合理而有可能的,便都可以交感。三、法界力:一切法的本性——法界本无差别,无限碍的平等法界中,生佛平等,凡圣一致。所以众生有成佛可能性,诸佛菩萨有随感而应的可能。这样,我们若能一面依自己的福慧力,一面仗佛愿力的加被,那么,我们要求消灾免难,离苦得乐,必定可以成办。

己二　别叙

庚一　生佛平等愿

第一大愿:愿我来世得阿耨多罗三藐三菩提时,自身光明,炽然照耀无量无数无边世界,以三十二大丈夫相,八十随形好,庄严其身;令一切有情,如我无异。

此下即将十二大愿,逐一分别叙说。

释尊对曼殊菩萨说:药师如来在因地所发的十二大愿中,"第一大愿",是生佛平等愿。他立"愿"说:"我来世"证"得阿耨多罗三藐三菩提"的"时"候,"自身"能放射大"光明","炽然照耀无量无数无边世界"。三藐三菩提,此译正等觉。正觉通于小乘,等觉通于菩萨,故在三藐三菩提之上,又加一阿耨多罗,阿耨多罗译为无上。无上正等觉,即佛的圆满觉;佛的正觉,是最极遍照最极究竟的。平常说"放下屠刀,立地成佛",成佛好像是很容易的。其实必须福慧资粮具足,自利利他的无边功德都达到最高峰、最圆满的境地,才能成正等觉。修行者,只是或多或少,成就佛德的一部分而已。药师说他将来成佛时,要身放光明。光明如火焰一样,叫炽然;从佛身而遍照一切世界,这是诸佛同具的身相。如佛像后有一光圈,即是(化身)佛陀的圆光相。毗卢遮那佛,就是光明遍照的意思;大日如来,也即以太阳的光照为喻。大乘经中,常说到佛的光明照耀无量世界。我们虽生活在这去佛时遥的末世,未见佛陀的真身,但我们仍然沐浴于佛的慈光中,只是不自觉罢了。如太阳虽悬空朗照,可是瞎子却见不到。佛光也如此,无时不照,无处不照,众生因无明烦恼的障蔽,常在光中而不见光。修学佛法的,果能精勤进修,净除烦恼的尘垢,见佛光明,或是见佛现身,那是必然之事。

药师如来证大菩提时,又"以三十二丈夫相"及"八十"种"随形好,庄严其身"。身似琉璃光辉映彻,已显得药师如来的身相是如何的明净!再加上这三十二相、八十随形好等,更见德相的圆满庄严。三十二相是为印度公认的大人相,特别为男子的胜相。这里不能一一说明,略举数种来说:如佛足底的平满相、千辐轮相,佛身的紫金色相、垂手过膝相、顶髻相等,共有三十二种之多(详见法数)。这些相,依印度当时的相法,为最高贵最庄严的福德相。轮王或如来,才完满地具足。八十种随形好,是随身体的某部形态,所有某种美的特征,如佛手柔软、毛发光泽、面容丰满等。释尊当时即因德相庄严,每次出游教化,还不曾说法,便有很多人要求归依。佛法本不著相,但为了导引众生,令众生欢喜生信,所以药师如来因地中,要发愿具足这种福德庄严相。药师佛的本愿,不但希望自己身相光明,众好具足,同时还希望,"令"所有"一切有情",皆"如"自己一样,平等平等,"无"有差"异"。这可约两方面说:一、约净琉璃世界的生佛平等说:生于东方净土,身相圆满,与佛无异。但不能说一切有情,因为现实的众生界,并不曾真的如此平等。二、约一切众生佛性说:一切众生性,本都是光明遍照,具三十二大丈夫相、八十随形好的。《如来藏经》说:一切众生皆有如来藏,光明显赫;三十二相、八十随形好,本来具足。只因众生为无明所覆,不曾开显,所以隐而不现。这要到成佛,方能如实证知。故《华严经》说:"奇哉!奇哉!一切众生皆有如来智慧德相,但因妄想执著,未能证得。"在佛的心境,照见一切众生,确是平等不二的。约这意义说,佛证得无上正等觉时,大地众生无不是佛,众生与佛平等平等。但从众生边看,众生苦恼,愚痴暗昧,于一切诸法实相,从来不知不见,痛苦流转,何能与佛平等? 因此,有人说:我们是凡夫,不要妄自尊大,尽管生佛平等,而我们还是众生。有人说:我们要深信自己是佛,如禅宗要人直下承当自心是佛;密宗要人起佛慢,说即身成佛。这些话,可说都有一分道理。我们是凡夫,所以要修行办道;因为有成佛的可能性,所以可修行成佛。

庚二　开晓事业愿

第二大愿:愿我来世得菩提时,身如琉璃,内外明彻,净无瑕秽,光明广大,功德巍巍,身善安住,焰网庄严,过于日月;幽冥众生,悉蒙开晓,随意所趣,作诸事业。

此文与第一大愿的意义有关而用意不同。上愿重于佛的法性身,显示生佛平等。此愿重在从法性而起应化身,开晓众生。

药师如来因地所发的"第二大愿"是说:"愿我来世",究竟证"得"大"菩提时"(菩提,即阿耨多罗三藐三菩提的略称),

"身"相犹"如琉璃"宝,"内外"都极"明"亮莹"彻","净"洁得没有丝毫的"瑕"疵和垢"秽"。所有的"光明广大",豁破无边黑暗;如此"功德"庄严身,"巍巍"不动如须弥山一样,所以说清净佛"身","善"于"安住"。佛身的光明炽盛,光光相照,形成一种"庄严"的"焰网"。光明遍照,"过于日月"——日月只是世间的光明,自然不及佛身的光明。

《如来藏经》曾以九喻说明众生的本有佛性,也有琉璃宝喻。众生的佛性,如清净无瑕的琉璃宝,虽藏在污染中,但它的光泽明净依然不损分毫。懂得此理,众生的佛性身也如琉璃,尽管流转生死淤泥中,也不失其原有的光洁。药师如来,彻底揭去无明暗影,刷除烦恼污泥,本身佛性身毕竟显发,故说身如琉璃。

药师如来的身光,照及"幽冥"的苦恼"众生",使其痴暗心眼,"悉蒙开晓",而能"随"着各人心"意"的"所"有"趣"求,"作诸事业"去。这段文义,约浅显说:佛放光时,住在黑暗世界的一向不见光明、不闻佛名的众生,受到佛的光明照了,就得着开晓,而随自己的意趣,做他所乐意做的种种事业。这如太阳东升,一切人都从寤而起,作工的作工,读书的读书,种田的种田,做生意的做生意,大家各事其所事。然约深密说:众生无始以来,在愚昧昏迷之中,什么都不晓得,由于佛的慈悲愿力,启发众生的智慧,便一样一样都明白起来,会做起来。古代厚生利群的发明家,可说都是佛菩萨的化身;佛菩萨在无知的众生前,每每现身开导,发明房屋、耕种、纺织、文字……种种器具,种种正当学说,使众生知道实行。世界文化的进步,各种工巧技术,都发生于佛菩萨的慈悲与智慧之中。所以经说:若无佛菩萨出世,世间一切善法，一切资生具，就都没有了。故佛菩萨化世，不但开导众生以身心修养，也开导众生以一切知识和技能。约这个意义说，我们是无时无处不在药师佛的智光遍照中、慈光护持中。

庚三　无尽资生愿

第三大愿：愿我来世得菩提时，以无量无边智慧方便，令诸有情，皆得无尽所受用物，莫令众生有所乏少。

一个人生存在世界上，为了维持生命，必须有足够的资生物——衣、食、住、行，乃至医药。这一切物质生活的受用，不仅要有，而且要多，要丰足，少了就会引生世间的诸般罪恶。譬如盗窃、劫杀、斗争等罪恶的滋长，多因资生物的缺乏。所以药师如来的悲愿，不但要使众生获得谋生的知识和做事的能力，而且要"以无量无边"的"智慧方便"，生产多量的"受用物"资，"令"一切"有情"，凡有"所"需要的，"皆"能"得"受用"无尽"，而给大家过着富足、丰裕、安乐的生活，绝不"令众生"对于物质的供应上"有所乏少"，发生你有我无的现象。

《瑜伽师地论》说：菩萨学法，当于五明处求。五明，除了佛法——内明，还有工巧明、医方明、声明、因明。修学大乘菩萨行，凡有利众生的学问技能都要学，智慧一天天求增长，到了成佛，一切功德妙法始能圆满具备，取之无竭，用之不尽。所以大乘佛法，并不反对科学物资的增产。现代世界科学昌明，有人埋怨它是罪恶的渊薮，其实病在人类不善于运用它，这才引生严重的弊害。人类若增进德性的修养，爱人爱群，善于控制，善于运用，那么科学对人生，如机器发达，增加生产数字，提高货物品质,都是有莫大利益的!所以菩萨对于此种种有助民生的学识和技巧,不独不厌弃,而且还应该学,应该会,然后才能解除众生从物质贫乏而来的苦痛与罪恶。药师如来的第三大愿,特别着重这方面。

庚四　安立大道愿

第四大愿:愿我来世得菩提时,若诸有情行邪道者,悉令安住菩提道中;若行声闻独觉乘者,皆以大乘而安立之。

第二、第三大愿,侧重于事业与物质的受用,可说是物质文明;第四大愿,即特别侧重于正知正见,也可说是精神文明。

药师如来在因地中发愿说:“若”有不信善恶因果,否认三宝功德,抹煞真理,作杀盗淫妄种种罪恶,向于地狱、饿鬼、畜生道的“诸有情”,如此失去正途而误“行邪道者”,我成佛时,“悉”皆“令”他们舍离邪道、摆脱恶趣,而永远“安住”于“菩提道中”。菩提道即是正觉道,如知善恶、因果,知有凡圣,知三宝功德,知四谛、十二因缘,修习戒定慧,不作杀盗淫妄等罪,这是共三乘法门。使众生脱离生死险恶的邪道,踏上三乘的坦途,是一种过程,而不是佛陀拯救众生的究竟目标。所以药师佛又愿:“行声闻独觉”的小“乘”行“者”,“皆”要“以大乘”究竟法门“而安立之”。听佛音声的教化而修行悟道的,名为声闻。独觉根性,比声闻者略高一着,他不待佛的教化,看见现象界无常变化,就会自己发心修行,开悟证果。过去有一国王,有天到御园中游玩,看见一棵花树,正当鲜花怒放,清香扑鼻,真是可爱极了!可是当他往别处观赏片刻而转来时,只见空枝残叶,零乱不堪。原因是被一群宫女所攀折了。因此，他得到万化无常的启示，觉得人生也是如此。一个美满的家庭，一个强盛的国家，遭遇一场灾难、一场战争，也就落得破败衰颓，令人不堪回想！从这些现象，觉悟了人生无常的真谛而证得圣果，叫独觉。声闻与独觉，都能出生死，从此岸而登彼岸，所以名为乘。但这都是小乘，佛陀的本怀在大乘，所以药师如来在因地中，发愿要以大乘法去转化他们，使他们回小向大，会三归一，而入究竟的大乘。

《法华经》说"佛以一大事因缘出现于世"，这一大事因缘，即是使一切众生尽皆悟入佛之知见。但众生根性千差万殊，好乐不一，事实上不能立即教一切众生都入佛之知见，所以释尊一面以此最高目的为原则，一面随机教化。见行于邪道的众生，即教以三乘法门；见声闻独觉停滞在自利的化城，即教以大乘究竟法门，叫他们再向前走，直至般涅槃——宝所为止。第四大愿，包括了回邪向正、回小向大。经说安立与安住，有令他永远不退转的意义。如凡夫确生出离心，向二乘圣道，即不再退回凡夫；大乘确发自利利他的广大菩提心，永向佛果而不再退心为小乘或凡夫。

庚五　戒行清净愿

第五大愿：愿我来世得菩提时，若有无量无边有情，于我法中修行梵行，一切皆令得不缺戒，具三聚戒。设有毁犯，闻我名已，还得清净，不堕恶趣。

前四愿，依药师如来的自证功德，利乐众生；此下，因众生有了缺陷、苦痛，需要援助救济。上来是与乐，此下是拔苦。药师如来对苦难众生的悲济,以及消灾免难,将由这第五大愿起,逐一显示出来。

此愿说:将来成佛时,假"若有无量无边"的"有情","于我"药师佛的正"法中","修行梵行"。梵行,一、约一般意义说,指一切清净行(梵是清净的意思);二、约特殊意义说,专指出家的不淫戒;三、约中义说,凡佛所制的戒行名为梵行。在药师佛土的净法中修行、受戒:不问所受的是比丘戒,或是沙弥戒,或五戒,或菩萨戒,凡参加过药师法会、听闻药师圣典、称念药师名号的众生,"一切皆令"获"得"圆满的"不缺戒"。缺就是犯戒或仅持一分;不缺即能圆满受持。比方受五戒,全部都持守得严格、清净,便是不缺;若只能持得三四戒,或部分犯轻垢罪,即是缺戒。仗药师慈光威德的加被,受戒,或受戒而有所缺犯的,都能得圆满受持,而且都能"具"足大乘菩萨的"三聚戒"。三聚戒:一、摄律仪戒,即五戒、十戒、二百五十戒等。二、摄善法戒,如修布施、持戒等六度四摄。三、饶益有情戒,大乘菩萨一切要以利益众生为前提,若但为自利而不利他,即是犯。能依药师的净土法门去修,即能得到三聚戒的圆满不缺。佛法中受戒,先是未受令受,已受的令守。受了戒以后,不一定能清净严持,这是多数人难免的现象,即在佛陀时代,有的圣者也还有不能圆满受持的,何况一般烦恼深重的凡夫? 因此,佛法中有忏悔法门。如只知受戒而不持,或有所犯而不知忏悔,即难得清净。所以药师如来本愿,更进一步地说:"设有"众生"毁犯"了禁戒,但由听"闻"了"我"佛的"名"字,"还"可"得"到"清净"。清净就是罪障消除;罪业消除,自然就"不堕恶趣"了。恶趣,即地狱、饿鬼、畜生的三恶道。众生因闻佛的圣号而如法忏悔，便得免堕三途，这是药师如来的慈悲与方便，也是为了忏悔业障。称佛名号，戒行能重获清净，是方等大乘的忏悔法。然并非一听佛号就等于忏悔，必须一心一意地持佛圣号，对过往错失至诚发露忏悔，礼拜，供养，时时摄心于佛号佛德上。久而久之，罪业自然消除，内心感受佛的光明，恢复了本来的德行清净。

庚六　诸根具足愿

第六大愿：愿我来世得菩提时，若诸有情，其身下劣，诸根不具，丑陋、顽愚、盲、聋、喑、哑、挛、躄、背偻、白癞、癫狂，种种病苦，闻我名已，一切皆得端正黠慧，诸根完具，无诸疾苦。

药师如来的第六大愿说：将来成大菩提时，"若"有"诸有情"因罪业所感，致使报"身下劣"，眼等"诸根不具"足。下劣即身体矮小或衰弱，或身分不称，头大身小，身长足短，以及种种畸形。诸根不具，有外表的，如眼耳损坏，或手足残缺，或缺唇烂鼻等等；有内在的，从外表看来，身体各部完全无缺，可是事实上，耳鼻等失其功用，已属残废。还有，"丑陋"是根身的相貌不端严。"顽愚"是意根的不懂事理。眼不见物的瞎子叫"盲"。耳根失灵，听不到声音，叫"聋"。"喑"是喉音嘶沙，语音不亮。"哑"是不会说话的哑巴。"挛"是瘸手。"躄"是跛子。"背偻"即驼背。"白癞"是大癞疯。"癫狂"即神经反常。这"种种病苦"，是世间最难医治的残疾，但听了药师如来的"名"号，或一心称念，或礼拜供养，蒙药师如来功德威力的加被，"一切皆得"到救治。令身相丑陋的转为"端正"，顽愚痴暗的也转为"黠慧"，"诸根"损缺的也都"完具"起来。总之，挛躄等一切的疾病，受药师如来威德力的加被，也得彻底治疗，再也"无诸疾苦"。我们称佛为大药师大医王，也就是这个意思。

众生如有善根，有因缘，能依药师法门的开导去实行，确能消除一切病患；不但药师如来是如此，即释尊在世时，得到救治的病苦众生，也不知有多少呢！据佛经所载，舍卫城有一妇人，由于她的丈夫在田作时被牛牴死；两个小孩又在渡河时失去；房屋又因邻家失火而烧光了，她怎受得起这个打击！结果她发疯了，连衣服也不穿，赤裸着身体，到处乱跑。一天，不知怎的竟跑到祇洹精舍，她望见佛相庄严，光明显赫，心里忽然清醒过来，看看自己一丝不挂，自觉难以为情，便蹲在地下。佛命阿难拿件衣服给她披上，然后为她说法，开示人世无常的真理。疯妇听了佛的开示，不但疯病得以解除，而且证了圣果。

一般人只见生理上的疾患，而不知心理的病态。有些人虽长有眼睛和耳朵，但不能分辨善恶是非，不爱听正法善语，这与瞎子聋子有何差别？或虽手足具全，而懒惰不务正业，不做好事，不走正路，这与挛躄又有甚不同？或没有气节，不顾正义，一味卑躬下贱，不肯挺起脊梁做一堂堂正正的人，这岂不等于驼子？白癞是容易传染的痼疾，这如某些危害人类的不良思想，一经蔓延开去，置无数人于无可救药的苦境。从前，南印度有一位法师，在讲经席上为大众开示饮酒得癫狂报。当时国王也在座，就起来问难说：饮酒的人占多数，何以患癫狂病的却寥寥无几？法师并不回答什么，只用手向听众指了几下。在座听法的外道们以为法师无言可答，大家赞叹国王的智慧。但国王却领悟了，认为法师答得最妙。法师所指的，就是正在得意的外道。他们有的长年裸体；有的不吃饭，而吃野草树叶；有的不睡觉；有的冬入寒冰，而夏天在太阳中曝晒。这种思想的邪僻，行为的怪诞，实都是心理变态的癫狂病者！

药师如来发此大愿，不独愿身体有疾病、有残缺的众生可因闻名号而得到彻底救治，即心理不健全的各种病患，也可因佛而好转过来，以获致身心端严的理想人生。

庚七　身心康乐愿

第七大愿：愿我来世得菩提时，若诸有情，众病逼切，无救无归，无医无药，无亲无家，贫穷多苦，我之名号，一经其耳，众病悉除，身心安乐，家属资具，悉皆丰足，乃至证得无上菩提。

此愿众生都得到健康、快乐，虽仍是基于救拔众生的病苦，不过与前稍有不同：前愿特别重在身体上的各种恶疾，而这是通泛的一般病苦，而且重视贫病。

药师如来因地中说：将来我成佛的时候，"若诸有情"受了"众病"的煎"逼"，苦"切"，同时又"无"人"救"治，"无"所"归"托。或"无"力延"医"，"无"钱买"药"；或"无亲"戚朋友，"无"父母兄弟，夫妻儿女等"家"属可以服侍照应。如此"贫穷"如洗，而又孤独伶仃，病缠"多苦"，人生世间，真没有比这更不幸了！可是"我"药师如来的"名号，一经"那苦难众生的"耳"鼓，即得"众病悉除，身心安乐"；而且"家"庭亲"属"，"资"生之"具"，也就能"悉皆"具备"丰足"起来了。不仅如此，以闻的善根因缘，能进修福德智慧，一直到"证得无上菩提"。

称念药师如来的名号,一切病苦便可消除,这确是常事。念佛,或念观世音菩萨的圣号,获得佛菩萨的加被,因而病患得以消除,恢复健康,在我们佛教徒中,得到真实经验的,着实不少。至于没有家属,一闻佛名便可具足,这似乎不可能。须知这不是说父母死了,念佛又会复活起来;或本无家属,一闻佛名便都有了。这是说:过去由于因缘不足,福德薄劣,所以贫穷孤苦。此后,以善根福德增长,身心恢复健康,由于从事事业的努力,便能把家庭建立起来;亲属朋友,也因人缘的转好而逐渐增多。佛陀的慈悲虽极普遍,但对于孤苦贫病的众生特别关怀,特别护念和救济。所以释尊在世时,特别倡导施医施药,救济孤独。凡身为佛子,修学佛法,须体念释迦的精神,效法药师的本愿,随分随力去做!

庚八　转女成男愿

第八大愿:愿我来世得菩提时,若有女人,为女百恶之所逼恼,极生厌离,愿舍女身;闻我名已,一切皆得转女成男,具丈夫相,乃至证得无上菩提。

药师如来的第八大愿,是说:"若有女人","为女"身"百恶所逼恼",而"极"其苦痛,"生厌离"心,"愿"意能够"舍"弃"女身"。女人的苦事多,所以说有百恶;这可分生理与心理二方面说。一、生理上的苦患:如女孩一到成年,就有月经;又如生育小孩,也是女人最感痛苦的事。二、心理上的病患:如嫉妒心、虚荣心,一般都比男子为重。三、在社会所受的歧视:女人在社会的处境,无论是家庭或社团,从过去到现在,仍未完全取得与男人同等地位。一般对于女人的轻视,还是或多或少地存在。因此,就心生厌恶,希望舍离女子的身形。药师如来为满足众生的要求,特发此大愿:若有愿舍女身的,"闻我"药师如来的"名"号,一心称念,礼敬供养,"一切皆得转女成男","具"足大"丈夫相"。由此修行,"证得无上菩提"。女人的希求男身,古来社会是极普遍的,可是现代的女性,对于自己,不但不生厌离心,似乎还特别满意,喜欢修饰,处处表现出自己是女人,要男人注意她,这是爱好女身的表现。据报载,美国有个百万富翁,也要动手术希望一过女人生活呢!这虽因社会的逐步接近男女平等的理想,而科学发达,医药昌明,女人特有的痛苦,如分娩等,也减轻而逐渐消除;然现代女性的地位,还是不平正的,从迷醉于物欲而来的自己爱好,其实是忘记自己了。

在大乘佛法中,男女本来是平等的。不过女人的性格,确乎要心胸狭窄,嫉妒心重些,特别讲究修饰。希望在座的女同道们,要尽可能纠正自己,学作大丈夫。经说:学大乘法,修菩萨行,要有大丈夫的精神才得。关于转女成男,据经里说有两类:一、善根极深,厌离心切,加以精进修行,现生便可转女成男。二、依大乘法门的开导,如法修行,或称念圣号,或礼拜供养,来生定可得转。

庚九　回邪归正愿

第九大愿:愿我来世得菩提时,令诸有情,出魔罥网,解脱一切外道缠缚;若堕种种恶见稠林,皆当引摄置于正见,渐令修习诸菩萨行,速证无上正等菩提。

众生不知佛法,沦堕于邪道之中,只要听到药师如来的圣号,便可脱离邪道,走上正途。没有佛法的地方,受邪道的熏染特别深。惟愿药师如来的圣号,遍化全世界,使堕于邪道的弃邪向正。

药师如来因地发愿:来世证得大菩提时,要"令"一切"有情",都能"出"离恶"魔"的"羂网",和"解脱一切外道"的"缠缚"。网与羂,样子差不多;捕鱼的叫网,捉兽的叫羂。迷信魔外邪说,像鱼兽被羂网罗住了一样,不易解脱出来。魔和外道的不同是:佛法以外的宗教,名外道。魔的意义是杀者,不一定是宗教,如一种主义、一种学说,可使人不信因果法则,抹煞道德价值,或是否定真理,或是使人弃高尚而向凡庸,弃身心修养而求物欲满足,害人害世的,都是魔。如有众生落在魔的羂网中,药师如来方便,使他脱出魔掌,投入佛法的怀抱;如有众生受了外道邪见的缠缚,药师佛也使他得以解脱,归向正法。不论邪魔的、外道的,通称为"种种恶见稠林"。邪恶见,如同稠密的森林,误入其中,触处荆榛葛藤,不易觅路出来。现在药师本愿,要用种种善巧方便,导"引摄"受,使出离魔外的邪见,而安"置"于佛法"正见"之中。"渐令修习"四摄六度等"诸菩萨行",而"速"能"证"得"无上正等菩提"。

此愿是佛令众生从魔及外道的黑暗中,奔向光明的正法。魔外的恶见力量极大,如不曾在佛法中得到不退转,都有受魔外所转的可能。从前有一比丘,看见裸体的外道,便讥笑他。佛提醒他说:不要笑他,你说不定也还要做外道呢!我们修学佛法,如未得正确而深刻的信解,得不退转,现生不落魔外,来生也可能堕入邪网呢！必须如大乘发菩提心，小乘发出离心，得不退转，才出魔外的稠林，才可真正的欢喜！在这邪说猖狂的末世，我们要时时提高警觉，始能免于魔外的迷蒙。

庚十　从缚得脱愿

第十大愿：愿我来世得菩提时，若诸有情，王法所录，绳缚鞭挞，系闭牢狱，或当刑戮，及余无量灾难凌辱，悲愁煎迫，身心受苦；若闻我名，以我福德威神力故，皆得解脱一切忧苦。

第十大愿，是药师如来在因地中，发大悲愿，济拔犯法受禁的众生。愿说："若诸有情"，因犯罪或受枉而为"王法所录"。国家法律，过去称为王法；录，是受国家法律的制裁或审判。经过法律裁判，或用"绳"索捆"缚"，加以"鞭挞"；或受徒刑，"系"禁于"牢狱"中；罪更重大的，"或当"受剁手足耳目等"刑"，或遭"戮"杀——死刑。"及"其"余"种种的"无量灾难"，受欺"凌"、侮"辱"，而致"悲"伤忧"愁"，交"煎"逼"迫"，"身心"感"受"无边的"苦"楚！这些苦难，在这个时代更加普遍。悲心深切的药师如来，愍念到众生的苦痛，所以说：受这些刑罚灾难的有情，"若"听到"我"药师如来的"名"号，由于"我"的圆满"福德"力与广大"威神力"加被他们的缘"故"，便能"悉得解脱一切"灾难，而免受"忧"愁"苦"恼！

国家创制法律，原是为了制裁恶人，而保障善良人民的权益，维持社会的治安。社会相当复杂，人与人相处，难免发生纠纷。彼此互相猜忌，互相争执，互相欺诈，互相凌辱，一切杀盗淫妄种种罪恶，莫不于此层出无穷。所以，为社会的秩序着想，为人民的安宁着想,就非正之以法律、范之以规矩不可了。但因冤枉而受法律误害的,当然也在所不免。故上说的种种罪犯,从缚得脱,可约两方面说:一、冤枉的:过去宿业现前,受人诬告,以致被系,遭种种刑罚。像这类苦难众生,若能称念药师如来圣号,定可业障消除,得免于难。二、确是违犯国法:如匪盗的杀人掠物,扰乱国家治安;或操纵金融,破坏国家经济;邪淫,或侵占等。像这种罪犯,称念药师名号,是否也能够免难得脱? 如称名而能得脱,那等于奖励犯罪了。不久以前,蒋“总统”就职时,有人建议大赦。消息一出,牢里的犯人反而多起来。因为有人怀着赦免的希望,不惜为非犯罪。这样的罪人,当然是不能解脱的。不过,如罪有应得,而能于佛生净信心、惭愧心,至诚恳切地忏悔,确认错误,立愿痛改前非,这样的礼念药师如来圣号,也有得脱可能。须知国家对人民而治以法律,并非恶意,而是要人民向上;即使不得已而刑杀,也是杀一警百。所以犯罪而能真切地悔悟,约个人说,原可以不必惩处。如现在订有“自首改过”的宽大法律。像这样犯罪而能虔诚忏悔,称念药师如来名号的,感应道交,也可解脱一切苦难。

庚十一　得妙饮食愿

第十一大愿:愿我来世得菩提时,若诸有情,饥渴所恼,为求食故造诸恶业;得闻我名,专念受持,我当先以上妙饮食,饱足其身;后以法味,毕竟安乐而建立之。

　　“第十一大愿”说:将来我成佛时,“若诸有情”生活困难,而受“饥渴所”逼“恼”,“为”了维持生存,不择手段去追“求”饮

"食"，"造"下了重大的"诸恶业"。世间饮食，不是现成而一求便到的。有知识有才能的，可用智力体力去换取，但无技能又无资本，那从何而来此资生物呢？为了生活，不是暗偷，便是明劫，或者欺诈，或者恐吓，但这会造成社会的动乱不安，决非善事。由此，可知作恶也有两类：一是由于内心的烦恼深重；另一是环境所迫，出于不得已。如由于烦恼所驱使而造罪恶，即应从思想等去解决；若由于贫穷实在没得吃，没得穿，就得从经济方面去解决。药师如来因地发此大愿，即从解决后者着手。所以说：一切饥寒无衣无食的众生，若"得闻我名"字，依照佛的开示，"专"心忆"念"，信"受"奉"持"，那么"我当先以上妙"的"饮食，饱足其身"，然"后"进一步，"以"无上的佛"法味"，使他们"建立"于佛的正法中，得"毕竟安乐"——究竟解脱乐。

饮食只能作暂时的救济，不是解决问题的根本办法。如人的思想不正，行为放荡，不守信用，不务正业，弄到经济拮据，生活困苦，这决非救济所能解决的。如先以饮食饱其口腹，进而教以人生正行、知识技能，使生活改善，从事职业，就相对地解决了。再进行一步，令其修学佛法，在佛法丰富的宝藏中，得世间希有的无上法乐，那才是究竟的救济。古语说：衣食足，而后知礼义。药师如来针对这一现实，故发此愿，先以食味，再以法味。有人说，佛法是出世的，不问人生现事，实在错误！佛法的重视现实人生乐，我们读了药师佛的本愿便可知道。中国佛教的衰微，似乎是忽略了药师法门的救济，而专重于后世与出世佛教的弘传。所以今后的佛弟子，应多多发扬药师精神，多从事救济运动。药师如来在因地中发了这一大愿，对于我们确为最有意义的启示。

庚十二　得妙衣具愿

第十二大愿：愿我来世得菩提时，若诸有情，贫无衣服，蚊虻寒热，昼夜逼恼；若闻我名，专念受持，如其所好，即得种种上妙衣服，亦得一切宝庄严具，华鬘涂香，鼓乐众伎，随心所玩，皆令满足。

药师如来的第十二大愿，希望他将来成佛时，使一切贫苦有情，都能得种种美妙的衣服、装饰品，及娱乐用具。

"若诸有情"，因为"贫"穷困难"无衣服"穿，也没有被褥帐子，为"蚊虻"所苦；冷天无衣御"寒"，"热"天无衣遮体。这样的"昼夜逼恼"，不胜其苦。药师如来悲愍众生，愿使这一切苦恼有情得到安乐，所以说："若闻我"药师如来的"名"号，"专"心称"念"，如法"受持"，那么承药师本愿功德与威神力，即能"如其"内心"所好"，高兴得什么"即得"什么——长的、短的、厚的、薄的，"种种"高贵的"上妙衣服"。同时，"亦"能"得一切宝庄严具"，如首饰、宝石、古董、花瓶等类；还有"华鬘、涂香"，这都是属于严饰身体的东西。此外，还有"鼓乐"——音乐，"众伎"——娱乐所用各样器具。总之，"随"贫苦众生的"心"意所爱好"玩"赏的，药师如来"皆"能"令"他得到"满足"。

己三　总结

曼殊室利！是为彼世尊药师琉璃光如来、应、正等觉，行菩萨道时，所发十二微妙上愿。

以上分别说明十二大愿，现在总结。

　　释尊说完了药师如来的十二大愿，又呼"曼殊室利"说：这"是""彼"东方净土的"世尊药师琉璃光如来、应、正等觉"，在因地"行菩萨道时，所发"的"十二微妙上愿"。如来、应、正等觉，如上已说，都是佛的通号。经里对于佛号，有时具用十号，有时略称三名，有时单说一名；这里用不广不略的三个通号。此十二愿，非一般的誓愿可比，纯由大悲心所流露的利他大愿，所以称为微妙上愿。

　　从十二大愿的内容看，第一大愿为生佛平等愿；此后，便是思想的正确，行为的合理，生活的丰富；缺陷的加以弥补，病患的予以救治，苦痛的予以安乐。不但着重衣食等物质生活，又注意到教育、健康正常的娱乐，达到人类的和乐生存。学佛，决非死后才有好处。药师如来的十二大愿，启示得最为明白。所以佛法的流行世间确能领受实惠，确能适应现实人生的。

　　太虚大师倡导人生佛教，即侧重生活的改善、解决。这并非说专重吃饭穿衣的事，而是提示我们，要在现实人生乐的基础上发大乘心。菩萨的精神便是为众生服务。修学佛法的，能依菩萨的精神去躬行实践，即是菩萨。大家想想，果然都遵照药师如来十二大愿的开导，和大师人生佛教的提示去做，这世界不就是净土，不就是康乐的国家、理想的社会了吗？国父倡说民生主义，说明衣食住行的重要；"总统"又作育乐两篇的补述，育即教育方面，乐是健康娱乐方面。药师法门，除了重视生活上的衣食住行，以及健康、卫生、娱乐而外，还特别重视思想的正确。所以药师法门的重心，在乎十二大愿，与民生主义的精神非常吻合。我们如能以此而净我身心，建我国家；扩而大之，澄清人类的思想,纠正人类的行为,发展人间的产业等,世界和平的实现也就有希望了。所以民国二十二年,戴院长在宝华山启建药师法会,即仰承药师如来的精神,领导大众发十二大愿。这完全是实践药师的精神,配合民生政治的要求,承药师如来的愿力,希望药师净土实现于人间。我们要依如来本愿去实行,才是真能修学药师净土法门的人。

戊二　果德

己一　说略指广

复次,曼殊室利! 彼世尊药师琉璃光如来,行菩萨道时所发大愿,及彼佛土功德庄严,我若一劫,若一劫余,说不能尽。

如来在因地所修的广大行愿,已逐一说明;现在再显示证大菩提时所成就的果德。

现在要另说一论题,所以佛说“复次”。释尊告诉曼殊室利:“彼”东方净土的“世尊,药师琉璃光如来”,在因地修“行菩萨道”的“时”候,“所发”的广“大”悲“愿”,“及”成佛时,“彼佛”所有国“土”的殊胜“功德”,清净“庄严”,“我”(释尊自称)就是在“一劫”或“一劫余”的时间,也“说不能尽”。劫,梵语劫波,意译为时分;有小劫、中劫、大劫。依佛法说,世界最初成立,人寿八万四千岁,百年减一岁,慢慢减到人寿十岁时,又百年增一岁,一直增到八万四千岁;这样的一减一增,名叫小劫;二十个小劫为一中劫;八十个小劫为一大劫。菩萨的行愿无量无边,佛陀的果德也是极广极多,这哪里说得完。所以释尊所说药师如来的本愿功德、果地庄严,都只是略说一滴而已。说来虽简略,而实是说一劫或一劫多的时间，也是说不尽的。

己二　以西喻东

然彼佛土，一向清净，无有女人，亦无恶趣，及苦音声。琉璃为地，金绳界道，城、阙、宫、阁、轩、窗、罗网，皆七宝成。亦如西方极乐世界，功德庄严，等无差别。

释尊在宣说药师法门之前，已先说《阿弥陀经》，开显了西方极乐世界的净土法门。故本经关于药师的清净国土，不再加以详述，而以极乐世界为例。因为佛佛道同，佛与佛的净土也是没有什么两样的。今说明东方净土的庄严，从二方面说：一是有情正报，二是世界依报。药师如来的净琉璃世界，自成就以来，"一向"都是"清净"的。我们的世界或起初清净，后变污秽；或最初秽染，后转清净，而东方净土则始终一如。到底怎样的清净呢？第一、"无有女人"，女人如前文所说，身有百恶。同时，有了男女即有夫妇，于是产生种种的不清净。东方药师净土没有女人，一切都是大丈夫；换句话说，没有男女相，一律平等平等，无有男女差别。第二、"无恶趣"，一切恶趣都是罪业所感，而往生净土的众生都已消除业障，善根具足。如《弥陀经》所说："彼佛国土，无三恶道"；"其佛国土，尚无恶道之名，何况有实"？因无恶趣，所以第三、无有"苦"痛的"音声"。以下叙述净土的依报：药师如来的国土，"地"面是由天然的"琉璃"宝所成的，通明透亮；用"金绳"分"界"为"道"。"城"即城墙，"阙"即城楼，"宫"是宫殿，"阁"为小楼，"轩"是屋上的飞檐；以及"窗"户、"罗网，皆"是"七宝"——金、银、琉璃、玻璃、砗磲、赤珠、玛瑙所

"成"就的。一切"功德庄严"，与"西方极乐世界"毫无二致。如要知详细情况，可读大本《阿弥陀经》。

己三　以伴赞主

于其国中，有二菩萨摩诃萨：一名日光遍照，二名月光遍照，是彼无量无数菩萨众之上首，次补佛处，悉能持彼世尊药师琉璃光如来正法宝藏。

东方净土，不但有药师如来，还有无量无边的菩萨辅助教化。如国家——有了最高的元首外，还有辅弼治理国家的文武百官。东方净土也是如此，还"有二菩萨摩诃萨"为其宣化的得力助手："一名日光遍照"菩萨，"二名月光遍照"菩萨，"是彼"国土"无量无数菩萨众"中的"上首"。上首，即领导者。用譬喻说，在明净虚空中，日、月光明为无量无边的星光的上首。二大菩萨是药师如来的继承者，是"次"后"补"登"佛处"的。娑婆世界的补处，为弥勒佛；西方净土的补佛处者，为观音、势至；净琉璃世界，则为日光、月光二大菩萨。二菩萨的功德智慧最大，"悉能"受"持彼世尊药师琉璃光如来"的"正法宝藏"，如王太子能推行父王的政治，才能继承王业。补处菩萨是佛陀正法的继承者，当然能受持佛的正法宝藏。正法的法，即常遍的实相。此法不邪名为正；也可名妙法，即是不粗浅而微妙的；约离却二边，也可名为中法。藏是库藏，一切钱财珍宝，不用时可以放进去，要时就拿出来，名为藏。一切清净微妙的功德法财，也都从此正法而流出；一切无边功德法门，也都含藏于此，所以正法名为宝藏。对此正法宝藏，二大菩萨是能受持而不失、弘通而无尽的。

丁三　结劝往生

是故曼殊室利！诸有信心善男子、善女人等，应当愿生彼佛世界。"

　　上来说明了因地行愿，依正果德。即知东方净土是如此的庄严，"是故曼殊室利"！凡是对药师法门"有信心"的"善男子、善女人等，应当"立定志"愿"，求"生彼"药师"佛"的净琉璃"世界"。不但资生物是无限的丰富，大众是非常的和乐，而且能受佛的教化开导。依后文说：凡能生东方净土的，即得不退菩提。这样的法门，在十方净土中也是难得希有的，应当发愿往生才是。

丙二　善巧方便

丁一　闻名忆念益

戊一　离恶益

己一　离悭吝贪惜恶

尔时，世尊复告曼殊室利童子言："曼殊室利！有诸众生，不识善恶，惟怀贪吝，不知布施及施果报，愚痴无智，阙于信根，多聚财宝，勤加守护；见乞者来，其心不喜，设不获已而行施时，如割身肉，深生痛惜。复有无量悭贪有情，积集资财，于其自身尚不受用，何况能与父母、妻子、奴婢、作使、及来乞者？彼诸有情，从此命终，生饿鬼界，或旁生趣。

如来开示中,依正行愿已讲完;现说药师佛的善巧方便。药师如来依过去因中的本愿力,及现证佛果的无边功德,救度一切苦难众生。度生主要是慈悲,而慈悲是内在的,须有高度的善巧方便才能表现出来。救济众生的利益可分三类:即闻名忆念益,持咒治病益,供养受持益。闻名利益中,又有离恶与得善二类;离恶也有四种,先明第一离悭吝贪惜恶。

这是另一大段,故开头又说“尔时”,即世尊开示药师佛国如何庄严,劝勉大家往生彼土之时。释迦“世尊”又“告”诉“曼殊室利童子”:“有诸众生,不”能辨“识善恶,惟”是一味“怀”着悭“贪”鄙“吝”心。这不识善恶,不是白痴;世间尽有聪明人,满腹经纶,才智横溢,然而好事不做,反而尽力作恶。这里所指,就是那些否认善恶因果、抹煞道德价值的人。因不识善恶因果,所以也就“不知布施”的意义,“及”布“施”的“果报”。有些人,可以一下赌输几千元,但遇到慈善公益的事情,连少数都舍不得捐助。有些人,可以为男女朋友无谓的吃喝玩花上几千几万,而不能布施一碗饭给求乞的穷人。这些人虽不是悭吝,而不知人与人间是祸福相关的,有互助救难的必要,应该从布施中增长自己的功德,求得自己更富裕的果报。财物原是布施功德所得的,如一粒谷子,播作种子,将有更多谷子的收获。可是有些人不识善恶因果,认为布施是最不上算的事。这些人,不识因果善恶,是“愚痴无智”;于三宝功德,也“阙于信根”。由于不识因果,不信三宝,所以对一般贫病及三宝功德,都不肯布施。他们一天到晚,一味地贪吝,辛苦地为财物而“勤加守护”,舍不得布施。若“见”有贫穷的向他“乞”求衣食,或是慈善机构向他劝捐“来”

了，"心"里便讨厌而"不"欢"喜"。但有时因人事关系、面子关系，"不"得"已而行施时"，就"如割"了他的"身肉"一般，"深生痛惜"。

像这种人，为自己还舍得花钱，虽然花得并不正当。还"有无量"数的"悭贪有情"，但知把"资"产"财"物"积集"起来，对"于""自身尚"且舍"不"得"受用，何况能"孝养"父母"、赡养"妻子"？对家里的"奴婢、作使（佣人）"，不用说是刻薄了；以"及来"向他乞求的"乞者"，更不会施予分文。在这种人的心目中，只有钱好，而且越多越好；至于要钱何用，他是从来不曾想到的。"彼诸有情"如此的悭吝不舍，等到"从此"世界"命终"之后，必定要"生饿鬼界，或"是堕落"旁生趣"，这里文略，应还有地狱。饿鬼，顾名思义，它永远在求食而永远食不饱，渴得连水都求不到一滴，长期生活在饿渴的逼恼中。这是贪无厌足、有钱财不肯布施的应得后果。旁生即是畜生，有些也是贪吝而堕落的；畜生也时常找不到食，如虎狼虽猛，有时也不免挨饿。贪吝不厌的人，永不满足，即得永不满的恶报。

由昔人间，曾得暂闻药师琉璃光如来名故，今在恶趣，暂得忆念彼如来名，即于念时，从彼处没，还生人中。得宿命念，畏恶趣苦，不乐欲乐，好行惠施，赞叹施者，一切所有悉无贪惜，渐次尚能以头目手足血肉身分，施来求者，况余财物！

上文所述，因贪吝而堕入恶趣的众生，"由"于往"昔"在"人间"的时候，"曾暂"时听"闻"到"药师琉璃光如来"的"名"号，有意无意中称念过，在心中留下种子，所以当他堕"在恶趣"，受众苦煎迫，无处可避时，忽然便能"暂得忆念彼如来名"，生恭敬心,至诚恳到而皈向如来。凭此暂时忆念如来圣号的功德,"即于"这一"念时,从彼"三恶道"处没"——结束了苦难生命,"还"得受"生人中"。由此可见药师如来的慈悲方便！偶而听闻过他的名号,就有这么大的功德,真是佛德难量！众生听闻佛号,内心就留下影子,佛法叫做"闻熏习"。一旦遇到苦难,就能记起,且以此而离苦。有些人平时不一定相信,遇难时才记起来观音菩萨等圣号而虔心称念,于是得免于难,这是常有的事。还生人间以后,"得"到对于"宿命"——宿生经历的忆"念",记起前生曾堕苦趣,由于悭贪吝惜,不肯施舍。于是此生能"畏恶趣苦",彻底改变已往错失,"不"再但为自己好"乐"五"欲"之"乐",而能利益他人,"好行惠施"——或布施乞者,或供养三宝,或热心社会的慈善公益。不独自己好行惠施,并且随喜"赞叹"别人的布"施"。这样,自己"一切所有"的财物,"悉无贪惜"而能布施;"渐次"进修,从外财到内财施,"尚能以"自己的"头、目、手、足、血、肉、身分",布"施来求"乞的,何"况"其"余"身外的"财物"？这是由于听闻药师如来名号,而能脱离悭贪吝惜的恶行与恶果。

己二　离毁犯见慢恶

复次,曼殊室利！若诸有情,虽于如来受诸学处,而破尸罗;有虽不破尸罗,而破轨则;有于尸罗、轨则,虽得不坏,然毁正见;有虽不毁正见,而弃多闻,于佛所说契经深义不能解了;有虽多闻而增上慢,由增上慢覆蔽心故,自是非他,嫌谤正法,为魔伴党,如是愚人,自行邪见,复令无量俱胝有情,堕大

险坑。此诸有情,应于地狱、旁生、鬼趣,流转无穷。若得闻此药师琉璃光如来名号,便舍恶行,修诸善法,不堕恶趣。

释尊又告诉"曼殊室利"说:"若诸有情","虽于如来"正法中,"受诸学处,而"却"破"坏了"尸罗"。学处,即戒律,为佛弟子所应当修学的处所。佛法有种种学处,如在家众受五戒,比丘众受比丘戒,菩萨众受菩萨戒,其学处各各不同,所以说诸学处。受了学处,就得守持不犯。但众生烦恼重,或环境恶,往往因放逸而毁犯了。梵语尸罗,是清净的意思,意译为戒。持戒能灭除一切烦恼业障,得到清凉自在,所以名为尸罗。破尸罗,即破犯杀盗淫妄等性戒。有的人"虽不破尸罗"——性戒,"而破"了"轨则"。佛弟子受戒,还兼受有关于僧团生活的轨则,或处群入众的轨则。破尸罗罪重,但是损坏私德;如破了轨则,更是违犯团体的公共规律。事关公共,罪过实也不小。这即是私德好而公德不好。"有"的人,对"于尸罗、轨则"都能受持遵守,"不"曾毁犯破"坏","然"而"毁"坏了"正见"。这即是说,行为虽不坏,但思想错误、不正确。知有善恶、因果,有生死、解脱,有圣贤、凡夫,这是世间正见;解苦、空、无常、无我、涅槃寂静、法性如如,是为出世正见。佛住世时,有一比丘,以为涅槃是什么都没有,这是破坏正见的邪见。戒德、规律虽守好,可是破了正见,罪恶更大!因为破了正见,会影响别人,如对佛法的见解不正,传播邪谬的教法,受害的人就多了。"有"的人,"虽"能"不毁正见","而"舍"弃多闻"。这类众生,知见虽然正确,可是忽略了法门无量誓愿学的精神,而以一部经、一句佛为满足,甚至把其他无边经论视为多余的。这样,对"于佛所说契经"的甚"深义"

理,当然"不能解了",每每误以不了义为了义。假使学佛的都如此,丰富的三藏宝典那便只有置之高阁。断人慧命,灭人眼目,罪过该是如何重大呢!"有"的"虽"不弃"多闻",对佛法很有体会,造诣极高,可是起"增上慢"——依增上法而起慢,即未证谓证,未得谓得。世间学者,学识高人一等,每起骄慢;学佛的也这样,广学多闻,或于止观小有修验,不觉就起了增上慢。这种人,"由"于"增上慢"的"覆蔽心"志,狂慢得不可一世,"自是"——自己对,而"非他"——说别人不对。结果,他是诽"谤"了"正法",自认为如来嫡子,独得正法,而不知实已成为"魔"的"伴党"了!"如是愚人",不但"自"己"行"于"邪见",同时"复令无量俱胝(亿)有情"也"堕"落邪见的"大险坑"!

"此诸有情"学佛法而入歧途,罪大恶极,合"应"堕"于地狱、旁生、鬼趣,流转"生死"无有穷"尽,一直受诸苦恼。但药师佛的慈悲威力是不可思议的。所以在他破尸罗到起增上慢的一生中,"若得闻此药师琉璃光如来"的"名号","便"能悬崖勒马,痛改前非,"舍"弃一切"恶行"。破尸罗的能转持净戒,犯轨则的能遵守,乃至不弃多闻,不起增上慢;反而勇猛精进,"修"习种种"善法"——持戒、正见、多闻、离增上慢,就此能"不"再"堕恶趣"。这如从层楼堕地,而从半途中把他救济过来。

设有不能舍诸恶行,修行善法,堕恶趣者,以彼如来本愿威力,令其现前暂闻名号,从彼命终还生人趣,得正见精进,善调意乐,便能舍家趣于非家,如来法中,受持学处,无有毁犯;正见多闻,解甚深义,离增上慢,不谤正法,不为魔伴,渐次修行诸菩萨行,速得圆满。

业障轻而善根深的,称念药师如来的圣号,可以因慈悲愿力的加被而改恶向善,不致堕落恶趣。但如"有"罪业太重,善根微劣,一时在思想上、行为上转不过来,"不能舍诸恶行,修行善法"的,当然不免要"堕"落"恶趣"。但"以彼"药师"如来"的"本愿威力","令"此罪恶众生,"现前暂"得听"闻"药师"名号"。以此功德,即能"从彼"恶趣"命终,还生人趣"。这回受了教训,吃了大苦,痛定思痛,深觉从前毁戒破见的不是,而得住于"正见"的基础。继而"精进"修行,"善"能"调"伏内心的"意乐",使它合理。因为切实体验到三恶道的可怕,深感佛德的崇高及其慈悲救济的恩德,所以不再恋著世间,"便能舍"离"家"庭,"趣"向"于非(出)家",在"如来"的正"法中,受持"种种"学处(戒)",恐惧戒慎,"无有毁犯"。而且起"正见",求"多闻","解"了契经的"甚深义"理,远"离增上慢,不"再毁"谤正法,不"致堕魔坑而"为魔伴"党。这样的"渐次"升进,"修行诸菩萨"的六度万"行",功德便可迅"速"地"得"到"圆满"。

这段文,对修学佛法的,尤其是末法的现在,显得更为重要。若犯了以上的种种过失,将堕落而无以自拔,那便应就此现生,勤加修习药师法门,称念药师名号,祈求药师如来慈悲愿力的加被,使我们消除业障,改恶向善。莫待堕入三途受苦,回头再来修行。

己三　离嫉妒诽谤恶

复次,曼殊室利!若诸有情,悭贪嫉妒,自赞毁他,当堕三恶趣中,无量千岁受诸剧苦;受剧苦已,从彼命终,来生人间,作牛、马、驼、驴,恒被鞭挞,饥渴逼恼;又常负重,随路而行。或

得为人，生居下贱，作人奴婢，受他驱役，恒不自在。

"嫉妒"，即是不耐他荣，从"悭贪"烦恼而引生；由于嫉妒心，必然会"自赞毁他"。如见人有钱、有势，或有声望、有地位、有学问、有能力、有道德，一切比自己强，便不能忍受而起嫉妒障碍，自赞毁他；不毁谤别人，便显不出自己的好处。然而须知自赞毁他罪恶极重，将来"当堕三恶趣中"，经过"无量千岁，受"尽"诸"般惨痛"剧苦"。不但地狱、饿鬼中多苦，就是"受"完了"剧苦"果报，"从彼"恶趣"命终"又"来生人间"，或"作牛、马"、骆"驼"、"驴"子等畜类，"恒"常"被"人"鞭挞"，忍受"饥渴"等"逼恼"；"又常"为人背"负重"担，"随路而行"。即使"或得为人"，也还是"生居下贱"，愚笨无能，一辈子"作人奴婢，受他驱役"支配，自己做不得主，得"不"到自由"自在"。自赞毁他，只是想高高在上，果报反而是生居下贱，被人奴使。

若昔人中，曾闻世尊药师琉璃光如来名号，由此善因，今复忆念，至心归依。以佛神力，众苦解脱，诸根聪利，智慧多闻，恒求胜法，常遇善友，永断魔羂，破无明縠，竭烦恼河，解脱一切生、老、病、死，忧、悲、苦恼。

然而这些众生，"若"往"昔"生在"人中"的时候，"曾"经听"闻世尊药师琉璃光如来"的"名号，由此"宿习的"善因"，现"今"又"复忆念"起如来，生惭愧心，"至心归依"药师如来，恳求救济。那时，"佛"便"以"大威"神力"慈愍护念，无论牛马畜生，或是奴婢驱役，无边痛"苦"，完全得到"解脱"。而且，转而成为"诸根聪利，智慧多闻"，知道"恒求"上"胜"的佛"法"；常

"常遇"到"善友"，远离恶知识；"永"远"断"除"魔"外的邪见"罥"网，突"破无明縠"。縠，就是卵。如鸡在未孵出时，闭在蛋縠内，是黑暗而不自由的；众生在无明烦恼的蒙蔽中，愚痴暗昧，不得解脱自在，也如鸡在縠内。所以破除无明，称为破无明縠。险恶汹涌的"烦恼河"为众生沉溺处，也因佛力的加持，进修而使之枯"竭"。无明与烦恼，是滋润生死的源泉，既破无明縠，竭烦恼河，"一切生、老、病、死，忧、悲、苦恼"，当然也就完全"解脱"了！

己四　离斗讼咒诅恶

复次，曼殊室利！若诸有情，好憙乖离，更相斗讼，恼乱自他，以身语意，造作增长种种恶业，展转常为不饶益事，互相谋害。告召山林树冢等神；杀诸众生，取其血肉，祭祀药叉罗刹婆等；书怨人名，作其形像，以恶咒术而咒诅之；厌魅蛊道，咒起尸鬼，令断彼命，及坏其身。

这是离斗讼咒诅恶。众生的斗争、诤讼、咒诅、谋害等种种不道德的行为，都是导源于嗔恨心。这也可以因念药师如来的圣号而得解除。

药师佛的本愿，又说："若诸有情"，因嗔恨心重，彼此相处不能谋求和合谅解，而却"好"生是非，欢"憙"互相"乖"角"离"间，以致"更（互）相斗"争，互相诤"讼"。斗，即殴斗；讼，即诤辩，或作文字上的攻讦，或诉诸法律。结果两败俱伤，"恼乱自"己，又恼乱"他"人，彼此都痛苦不堪。人与人间不能和睦相处，造成家庭的纠纷、社会的扰乱；国家与国家间不能和谐相处，引生国际间的战乱。总之，人类不能和平，不能互助，皆由嗔恨烦恼的作祟。好喜乖离、自他恼乱的众生，"以身语意"三业，"造作增长种种恶业"。你害我，我也害你，"展转"报复，"常"时在做"不饶益"众生的恶"事"；或公开，或暗里，在"互相谋害"。

有力有势的，可以直接谋害对方；而无能力的，即另想秘密的邪恶办法。如祷"告""山林树"木，以及"冢"墓间的鬼"神"，请它们代替报复。或"杀"牛羊鸡等"诸众生，取其血肉，祭祀药叉"与"罗刹婆等"。药叉，意译轻捷，行动极为迅速，有大勇力。罗刹婆，意译暴恶。这二者是恶鬼中力量很大的，所以祭祀它，请它伤害敌方。或"书"写"怨"仇"人"的"名"字，中国又加上怨仇的生辰八字，用草木"作其形像，以恶"毒的"咒术而咒诅"他。或以"厌魅蛊道"相害：厌，如泥木匠，嫌主人待遇不好，就在屋梁或墙壁间暗藏些刀箭假人之类的东西，使主人居住不安；魅，近于中国所说的妖精；蛊道，是集毒虫在一起，让它们自相残杀，到最后剩下一只，把它弄死，磨成粉末，然后偷放入仇人的食物或衣服中，使他受毒致毙。还有"咒起尸鬼"的，是对死尸念咒，使尸首活动起来，给它刀枪，要它去"断"仇人的生"命"，以"及"损"坏其身"体。这些都从嗔恨心出发，害人不到而想出的邪术恶法，都是不道德的。现在时代进步了，少有用这些邪术害人，但人与人的仇恨仍然非常之深，而相害的手段更为毒辣、残酷。

是诸有情，若得闻此药师琉璃光如来名号，彼诸恶事，悉不能害。一切展转皆起慈心，利益安乐，无损恼意及嫌恨心；各各欢悦，于自所受生于喜足，不相侵凌，互为饶益。

　　像这类受人毒害的"有情,若得"听"闻此药师琉璃光如来名号",便可承其慈悲威力,使以上的种种"恶事"失去效力,"不能"再为危"害",这就是所谓邪不胜正。邪神恶鬼,不管有多大的力量,也不及佛的慈悲愿力。如有人遭受诬害,被下级政府机构拘禁,只要最高当局一道释放令,谁能不服从? 所以称念药师如来圣号的功德,力量最大! 据佛法说,要想危害别人,能否得手,当然是一个问题;若对方果真受害,那他自身也一定有问题的。如佛那样,身心没有一丝一毫的污染,净洁无瑕,任凭再阴再强暴的魔力,也不能损动佛的一毛! 犹如我们身上皮肤有伤,一粘着毒药便会中毒;若皮肤完整坚实,就不受影响。释尊在世时,多少外道要陷害他,如用毒药、恶咒、狂象、大石等,可是全都没有效用。所以要不受危害,要减轻对方的毒焰,更要增强自己的力量。如遇种种逼恼谋害,应切实受持药师法门,依药师如来的加被力,增强自己内在的力量,以消解抗拒外来的魔力。

　　如得药师如来的威力加持,不但一切恶事不能侵害,而且"一切"嗔害恼人的毒意也都消解了,而彼此间能"展转"地和乐相处,"皆起慈心";而能相互增进种种"利益",大家得到"安乐",彼此间不再存有"损恼意及嫌恨心";大家都慈颜相向,爱语相勉,"各各欢悦"。对"于自"己"所受"的果报,即使困难艰苦,也能安贫乐道,"生""喜足"心,"不"再互"相侵"害、互相欺"凌",而"互"助合作,"为饶益"事。

　　上面所离的四种恶:一、是出发于贪心,而悭吝鄙惜,不行布施;二、从慢心出发,毁谤三宝;三、从嫉妒心出发,自赞毁他;四、从嗔恨心出发,斗讼咒诅。这在大乘中,罪恶极大,比之犯杀盗等根本大戒并无差别。无论《胜鬘夫人经》、《梵网经》、《菩萨璎珞经》、《瑜伽菩萨戒经》,都特别提出:若犯了这四种恶,即是菩萨波罗夷罪,违犯大乘戒律。这四种罪恶,个人如不能消除,不能行菩萨道;人类如不能减轻此种罪恶,世界的和平永久是没有希望的! 所以我们要行菩萨道,消我们的宿业,遏止疯狂的斗争,建设和平大同的理想世界,实有修持药师净土、发扬药师法门的需要!

戊二　得善益

己一　得往生净土益

复次,曼殊室利! 若有四众:苾刍、苾刍尼、邬波索迦、邬波斯迦,及余净信善男子、善女人等,有能受持八分斋戒,或经一年,或复三月,受持学处。以此善根,愿生西方极乐世界无量寿佛所,听闻正法,而未定者。

上明离(四种)恶益;此下明得善益,也有四种,先说得生净土益。

释尊复对曼殊室利说:"若有四众"佛弟子——"苾刍、苾刍尼、邬波索迦、邬波斯迦"。苾刍(比丘)、苾刍尼(比丘尼),为出家的男女二众;邬波索迦(优婆塞)、邬婆斯迦(优婆夷),是在家的男女二众。在家二众的名称,意译为近事男、近事女,因他(她)们都已信奉三宝,亲近佛法。四众弟子而外,其他信佛法而未受三皈五戒的,为"净信善男子、善女人"。这些佛弟子,"有能受持八分斋戒"的。八分斋戒,或名八关斋戒:(一)不杀生,(二)不偷盗,(三)不行淫,(四)不妄语,(五)不饮酒,

（六）不着花鬘不香涂身，（七）不歌舞唱伎及过往观听，（八）不卧高广大床。此八是戒，还有一种不非时食，名为斋，合为八分斋戒。受持八分斋戒的时间，"或经一年"之久，"或"只于一、五、九"三"个"月"内，"受持"此"学处。以此"受戒"善根"，回向"愿生西方极乐世界无量寿佛"的净土，"听闻"弥陀如来及诸大菩萨的开示"正法"。可是这仅系愿望，事实上能否往生，还"未"能决"定"。众生因娑婆世界的环境太复杂，障碍太多，不易修学正法，所以要发愿往生西方净土，得一个比较理想、比较合宜修学佛法的安身处。如这样发愿而对于往生还没有把握，这就得修持药师法门，以作补救办法。往生净土，除一心称念佛号以外，还应修学其他功德，积集善根，并非只需称念阿弥陀佛名号。如此处所说，受持八分斋戒；又如《阿弥陀经》说："不可以少善根福德因缘，得生彼国"，所以修行往生净土，于信愿外，还得兼行布施、持戒等功行。

若闻世尊药师琉璃光如来名号，临命终时，有八大菩萨，其名曰：文殊师利菩萨、观世音菩萨、得大势菩萨、无尽意菩萨、宝檀华菩萨、药王菩萨、药上菩萨、弥勒菩萨。是八大菩萨乘空而来，示其道路，即于彼界种种杂色众宝华中，自然化生。

愿生西方而没有把握的众生，"若"能得"闻世尊药师琉璃光如来"的"名号"，至心持念；依此称念功德及如来的本愿力，便可获得助力。所以当"临命终时"，即"有八大菩萨"——文殊（曼殊）师利、观世音、得大势（大势至）、无尽意、宝檀华、药王、药上、弥勒——"乘空而来"，指"示其"往生净土的"道路"；一刻间，"即于彼界"的"种种杂色众宝华中，自然化生"。极乐国土的宝华,如《阿弥陀经》说:"大如车轮,青色青光,黄色黄光,赤色赤光,白色白光,微妙香洁。"往生西方的众生,就在各种不同颜色相杂的宝华中,不须父母因缘就能自然化生。念阿弥陀佛,临命终时,有观音、势至二大菩萨来接引;若念药师如来,则有八大菩萨来迎。这里有个问题:经中"即于彼界"的"彼"字,究竟是指东方琉璃世界? 抑是指西方极乐世界? 可作两种说法:一、受八大菩萨的引导,往生西方净土,这是很通情顺理的。二、初发愿往生西方净土,因没有把握,后又得闻药师如来名号,始有八大菩萨的接引,是往生东方净土的。这二种说法都可通,因为佛佛平等,净土当然也是一样。我们生到哪一净土,依凭我们过去的愿力、功德力。如对阿弥陀佛的信心强,现在称念药师如来,药师如来即能以慈悲愿力,助我们往生西方阿弥陀佛的国土。阿弥陀佛力伸手拉我们,而药师佛力又在后面推一下,生西方净土就容易了。若对药师如来的信念深,过去念阿弥陀佛,现在阿弥陀佛也可助我们往生药师净土。净土的意义是一样的,喜欢西方即往生西方,乐意东方便往生东方;佛佛道同,净土与净土也是平等无二的。

己二　得上生天国益

或有因此生于天上,虽生天上,而本善根亦未穷尽,不复更生诸余恶趣。

药师法门的利济有情,非常广大普及。"或有"众生,"因"为得闻药师如来名号,以"此"功德而"生于天上"。不生净土而生天国,并非药师如来不加被,而是众生的信心、愿力、资粮不够

作为往生净土的条件，只可以感得生天之乐。不过这也与一般
生天不同；一般天福享尽便要堕落，可是这类众生，由于过去生
中曾闻药师名号的关系，"虽生天上"受天福，等到天寿终了，
"而本"有的生天"善根"，"亦未"能"穷尽"。所以绝对可以保
证，"不复更生"地狱、饿鬼、畜生等"诸余恶趣"，不会像一般天
人的可能堕落。

己三　得还生人间益

**天上寿尽，还生人间，或为轮王，统摄四洲，威德自在，安立无
量百千有情于十善道；或生刹帝利、婆罗门、居士大家，多饶
财宝，仓库盈溢，形相端严，眷属具足，聪明智慧，勇健威猛，
如大力士。**

生天是有尽的，但又不会堕落三恶道，所以到了"天上寿
尽"，自然"还生人间"。平常都说人间太苦，其实人间是个好地
方；释尊不出天上而生人间，我们可以领会到，人间对于菩提道
是如何富有价值了！人间的环境，不太苦也不太乐，既没有天国
欲乐的迷惑，也没有三途剧苦的逼恼，实是最适修行办道的理想
场所。我们若能切实利用它，精进修习福慧资粮，那么佛果是离
我们并不太远的。

从天上还生人间的有情，因过去曾闻药师佛圣号，成就了深
厚的善根，故他们大多是些有力的领导者。"或为"转"轮"圣
"王，统摄四"大部"洲"。依佛教说，此世界当中有一须弥山，东
南西北为四大部洲，每洲多有小王统治。但金轮王统四大洲，银
轮王统三洲，铜轮王统二洲，铁轮王统一洲。今为金轮王，统摄

四大部洲,也即是统一天下。其"威德"极大,权力无比,一切都能如意"自在"。轮王的治理天下,是为了使人类都生活得理想,也即是用良好政治,使人类都过着一种向上的、有意义的生活,故说"安立无量百千有情于十善道"。顶好的政治,即是推行十善的政治。十善是:身不杀生、不偷盗、不邪淫;口不妄语、不两舌、不恶口、不绮语;意不贪、不嗔、不邪见。经里说轮王的治权到达一个地方,小国王便以金银财宝献给他,他不要,只是谆谆劝导小王,多以十善治世。轮王的理想天下,是十善普及的天下,政治是一种道德的政治,引导人民步上美满、安乐、向上的人生境地。所以经中每说转轮圣王多系菩萨的化身。孔子所说"导之以德,齐之以礼"的政治,与轮王的德政相近。这重于道德的激发、思想的净化,从精神文明的基础上,建立高尚的道德生活,融道德与政治而为一。

　　福德较大的众生,还生人间作轮王;差一点的,则"或生刹帝利"——武士贵族阶级;或生宗教阶级的"婆罗门"族;或生于"居士大家"——自由民中的实业家。转生以上的三大族,第一是产业丰富,"多饶财宝,仓库盈溢";第二是身"形相"貌,生得极其"端"正庄"严";第三是父母、兄弟、夫妇、儿女等"眷属",都"具足"无缺;第四是生得很"聪明",有"智慧",广闻博知;第五是"勇"敢、"健"强、"威猛"无比,"如大力士"那样,可以摧伏一切,而不为他所屈。生于人间而具备了这一切优越条件,才算是美满幸福的人生。

己四　得转生丈夫益

若是女人,得闻世尊药师琉璃光如来名号,至心受持,于后不

复更受女身。

"若"本来"是女人",对于女身生厌弃心,因"得闻世尊药师琉璃光如来名号",而"至心"领"受"奉"持",便能永远"不复更受女身",以大丈夫身精进修行,向于佛果。

以上的离四种恶、得四种乐,均为听闻药师如来圣号,进而至心称念、如法修持而获得的效果。我们若想离恶得乐,就得依此教法信受奉行!

丁二　持咒治病益

戊一　由愿观苦

复次,曼殊室利!彼药师琉璃光如来得菩提时,由本愿力,观诸有情,遇众病苦,瘦癥、干消、黄热等病;或被厌魅、蛊毒所中;或复短命;或时横死;欲令是等病苦消除,所求愿满。"

如来开示的善巧方便中,现讲第二持咒治病益。闻名利益内容广,可以离种种罪恶,获种种善乐;持咒利益较狭,只能治病。众生如有病苦,虔诚持念药师咒,便可病根拔除,恢复健康。

释尊说了闻名利益,又呼唤"曼殊室利"说:"彼"东方"药师琉璃光如来",当他证"得"大"菩提时","由"于菩萨因地所发的"本愿力"——欲慈济一切众生的苦难,尤其是病苦,所以便以慧眼"观"察"诸有情"的病况。众生所"遇"种种的"病苦",今只略举数种:(一)"瘦癥(羸)",即肺病等,古代叫劳伤病。(二)"干消",我国医书中叫消渴症,口渴、肚饿,吃得多,屙得多,一天天消瘦。(三)"黄热",即黄疸,身上温度高,面色眼睛全都发黄。这三种病,在当时为极流行的重病,故释尊举为例证。这均属生理上的病患。其次，"或被厌魅"所扰，即被人暗中捉弄，使其神识颠倒，危害健康；或被"蛊毒所中"，而丧身失命。众生遭受这些病患与毒害，"或"即"短命"——年轻便夭亡，未尽天年；"或时横死"，如为刀枪所伤，为水所溺，乃至火烧致死等。人的福报尽，寿命未尽，是短命；福报、寿命都未尽，而偶然死于非命，名为横死。药师如来发大慈悲，"欲令"众生一切"病"痛"苦"难，皆得"消除"，使其"所求"的消灾延寿的"愿"欲，能够得到"满"足。

有人说念佛好，有人说念咒好。若依本经看起来，念药师佛功德要大得多，什么恶业都能消除，什么愿望都能感应实现；持咒功德虽妙，但只局于治病。所以我们要求消灾免难，平时的行持，最好还是多多称念药师如来的圣号；若为治病，即可多持药师神咒。

戊二　入定说咒

时彼世尊，入三摩地，名曰除灭一切众生苦恼；既入定已，于肉髻中出大光明，光中演说大陀罗尼曰：

上面说药师如来由大悲愿力，观察众生的病苦。既然深知众生病情，为满足众生的愿求，特为施设方便，入定宣说神咒。

那"时"候，"彼"药师"世尊入三摩地"——定。三摩地，此译等持，即平等持心，不惛沉，不掉举，令心保持平衡、安静，而专注于一境。在经中，佛将说法、说咒，或现神通时，每每先入定。佛原无时不在定境中，无论穿衣、吃饭、说法度生，佛的心境都常安住定中。不过为与众生作示范，适应众生的心情，故每欲说法

(咒)现通的时候,即首先入定。佛法虽不特别重视定,但一切功德智慧确都由定中流出。定的种类很多,根据其不同作用,而安立种种名称;现在药师如来所入的三摩地,叫做"除灭一切众生苦恼"定。

药师如来"入定"后,即"于肉髻中出大光明"。头顶上的肉髻,为佛的三十二相之一,名无见顶相。头部为全身最高最贵的所在,今从佛的无见顶上放大光明,这即表示从最高定发究竟慧;身光先发,心光也就随应而来。慧发于定,而说法说咒,则又是从智慧流出的善巧方便,故从无见顶上放大光明。大乘经所说咒语,每有从佛的无见顶放光说出,如楞严咒,即是佛顶放光化佛而宣说出来的。顶髻在佛的最高处,我们所不能见,表示此咒从佛最高的智慧中流出,深妙不可思议。

"光中演说大陀罗尼":陀罗尼,译为总持,其中含二义:(一)持,(二)遮。能摄持一切功德,遮障一切罪恶;也即是总一切法,持无量义。在佛经中,有文字陀罗尼、语言陀罗尼等多种,此处是咒陀罗尼,因其功用大,故名大陀罗尼。

"南谟薄伽伐帝,鞞杀社窭噜,薜琉璃,钵喇婆,喝啰阇也,怛陀揭多耶,阿啰喝帝,三藐三勃陀耶。怛侄他:唵!鞞杀逝,鞞杀逝,鞞杀社,三没揭帝,娑诃!"

向来以为咒是秘密藏,持念就好,不可求解;其实咒语大部分都可以解释,只有极少几句在可解与不可解之间。"南谟",即归依、皈命的意思。"薄伽伐帝",为薄伽梵的异译,也即是世尊。"鞞杀社窭噜",是药师。"薜琉璃",即是琉璃。"钵喇婆",是光。"喝啰阇也",是王。"怛陀揭多耶",是如来。"阿啰喝帝”，是应（供）。“三藐三勃陀耶”，是等正觉。这几句综合起来，即是：“皈命世尊药师琉璃光王如来、应、等正觉”。以下才是真正咒心：“怛侄他”，就是“即说咒曰”的意思。“唵”，应读作嗡音，意义很多：（一）归依义，即是集中身心而向于三宝；（二）警觉义，提起注意，也就是把精神集中起来，注意一个地方。“鞞杀逝，鞞杀逝，鞞杀社”，即是说：药！药！药！“三没揭帝”，即是普度，普遍救度一切众生之义。“娑诃”，也作“娑婆诃”，意思是速得成就，等于中国古代文书中的“急急如律令”。

此咒上半是归依药师如来，祈求加被；下半是说用药治疗一切众生病苦，希望立即痊愈。

佛教中的咒语，形式大多如此，一开头就是归依什么佛或什么菩萨，如大悲咒的“南无喝啰怛那哆啰夜耶”等，即是归依三宝、归依圣观音菩萨的意思；往生咒的“南无阿弥多婆夜”，即是归依阿弥陀佛；还有善天女咒，以及其他许多咒语，也都以归依为开始。持咒到底是否灵验？这当然有其潜在难思的作用，不过也有条件。在特殊情况下，危急临头，专诚恳切，念起来就每有效用。或者是经很长的时间，每日精勤持念，才能发生神效。有人持大悲咒十年或廿年，得到神验，可以为人治病，一念就发生作用，这是恒久受持的关系。有的人临时念几遍，心不专切；或断断续续受持，没有恒心，所以不会灵验。如打太极拳，时间短暂，不曾多练习，对身体毫无用处；若时间长久，而能无间练习，自然可以出功夫。持咒与念佛，都要持久，要一心专念。不过念经念佛与念咒，多少有些不同。念经要了解经义，念佛也要明了佛的名号及其本愿功德；念咒则不然，咒的含义非常多，不必了解，行者只须集中精神持念就行。虽然不能了解其中意义，但有一潜在的力量。这种力量，隐而不显，看不见，想不透，而作用却非常大。我们持念药师咒，依此咒的力量，就可与药师如来的愿力相交感，而得消除病患。这如世间人，有时用说话，或用通讯，可以详尽地表白意见，使对方明了；可是有时，彼此预先有了密约，或只用一句话，或符号，或密码，外人虽然不懂，但他们两者间却能借此互达情意。药师咒，就是我们众生有病痛时向药师如来恳求救济的一种密码；我们不一定了解其中意义，只须至心持念，自然就会与药师如来的慈悲愿力发生交感作用，使我们达到消除病苦的目的。其他咒语，凡有不可解的地方，我们都应作这样的理解。

尔时，光中说此咒已，大地震动，放大光明，一切众生病苦皆除，受安隐乐。

当"时"，药师如来在"光中说"了"此咒"之后，因受佛光的威力所动，"大地"都"震动"起来，而且普遍地"放大光明"，照"一切众生"，使一切众生顿除宿业，所有"病苦"尽"皆"消"除，受安隐乐"，不会再受病苦的缠绵侵扰，而永远过着安静康宁的生活。药师如来在东方净土宣说此咒，可令彼土一切众生身心健康，无病自在，得安隐快乐。地动、放光、除病等，即表示此咒的功力是何等伟大！释尊本着悲愍心怀，特别将他介绍给这个充满无边病苦的娑婆世界，希望我们能够依教奉行，也得药师如来的护念，根绝一切病患，像东方净土的众生一样，过着安宁康乐的生活。

戊三　持咒灭苦

"曼殊室利！若见男子、女人，有病苦者，应当一心为彼病人，常清净澡漱，或食、或药、或无虫水，咒一百八遍，与彼服食，所有病苦悉皆消灭。若有所求，至心念诵，皆得如是无病延年；命终之后，生彼世界，得不退转，乃至菩提。

念咒除病，最好是病者自己念；若病势沉重，自己不能持念，那么别人可代为持念。

释尊又告诉曼殊菩萨：假"若"看"见"有"男子"或是"女人"，染患到种种"病苦"，就"应当一心为彼病人"虔持药师如来神咒，使他脱离病痛。在平时如肯下工夫勤念多念，念得一心不乱，到了应用的时候，必然有灵验的。替病人持念此咒时，必须洗"澡、漱"口，"常"保持身口的"清净"。然后用病人吃的"食"物，如水果、稀饭之类；"或"用病人所服的"药"汤药丸；"或"用"无虫"的清净"水"也可以，用这些东西，持"咒一百"零"八遍"，然后给"与"病人"服食"。这样，病人"所有"的一切"病苦"便可"悉皆消灭"。"若有"其他的要"求"，如恢复健康以后，要求免于短命，或免于横死、饿死等等，能"至心念诵"药师神咒，也同样可以蒙佛加被，得以"无病延年"。而且，"命终之后"，凭此咒力也能展转引发功德，往"生"东方净琉璃"世界"。只要往生东方净土，决定"得不退转，乃至"究竟证得大"菩提"果，如西方极乐净土一样。

戊四　结劝受持

是故曼殊室利！若有男子、女人，于彼药师琉璃光如来，至心

殷重恭敬供养者,常持此咒,勿令废忘。

持咒利益,到这里作一结论,释尊郑重劝导大众恭敬受持,所以呼曼殊室利说:以"是"之"故","若有男子"或"女人",对"于彼药师琉璃光如来"能"至心殷"勤、尊"重、恭敬、供养",那么对于"此"药师"咒",应当"常"时受"持"念诵,自利利他,切"勿令"它"废忘"!

丁三　供养受持益

戊一　供养得护持益

己一　修供养行

复次,曼殊室利! 若有净信男子女人,得闻药师琉璃光如来应正等觉所有名号,闻已诵持;晨嚼齿木,澡漱清净,以诸香华、烧香、涂香、作众伎乐,供养形像。

在供养受持益中,先明供养得护持益。对于药师如来,不但要称名、持咒,同时还要施设种种供养。先说供养药师佛。

释迦世尊又说:"复次,曼殊室利"! "若"对佛法"有"清"净信"心的"男子"和"女人","得闻药师琉璃光如来、应、正等觉所有"的"名号",及其悲切的行愿和消灾免难的慈恩,听"闻"以后,应恭敬"诵持"——这包括礼拜供养。如普贤的十大行愿,即有"称赞如来"与"广修供养"等愿。然而,供养药师佛,应该如何呢? 这里说:早"晨"起来,首先就得"漱"口洗"澡"。印度古代,一般习惯于清"晨"起身就"嚼"一种"齿木",木中有苦汁,可除口臭,用这种木枝漱刷,等于现代牙刷牙膏的合用。漱口沐浴之后,身心都已"清净",然后敬献各种芳"香"的妙"华",及"烧"燃用的名"香","涂"身的"香"末、香膏;以及"作众伎乐",歌颂赞叹。药师如来在东方世界,此间众生不能面申供养,所以这香花供具只能"供养"他的"形像"——金塑、木雕、铜铸、纸绘等像。有人问:佛不在这个世界,我们供养他,是不是能有利益?我们供养佛陀,佛陀当然受到我们的供养;而且由于我们的敬虔心、清净心,当然能成功德利益。

于此经典,若自书,若教人书,一心受持,听闻其义。

一方面供养药师如来的形像,一方面对"于此"药师琉璃光如来本愿功德"经"也要供养受持。或"自"己"书"写,或"教"别"人书"写。现在工业发达,有了印刷,不一定是抄写,出钱印经也一样。此外,还要对此经义"一心受持,听闻其义"。受持,包括从闻起思、从思而修的一切行。这不要以为是学教,这是真正的受持于法,供养于法。

于彼法师应修供养,一切所有资身之具,悉皆施与,勿令乏少;如是便蒙诸佛护念,所求愿满,乃至菩提。"

供养药师佛,供养药师法门,更应供养弘扬药师法门的法师。所以说:对"于"弘扬此法门的"法师",也"应"当广"修供养"。古德说:"人能弘道,非道弘人。"佛法所以能久传,能发扬光大,使正法住世,慧命延续,完全是法师的功绩。对某种经典或某一法门,有法师倡导宣扬,人们才知道它的殊胜功德、种种好处,因而才有人发心书写经典,有人雕塑佛像,有人受持读诵、礼拜供养,乃至依法奉行。所以有了法师,佛法僧三宝也就俱全了。因此,对弘扬药师法门的法师,应起恭敬心、供养心。凡是生活上需要的"一切所有资身之具",如穿的、吃的、用的,"悉皆施与,勿令"资生"乏少",而障碍自修或弘通。供养法师,应作报恩想、利益众生想。若能"如是"供养三宝,不但药师如来欢喜护念,即十方"诸佛"也欢喜"护念",使其"所求"之"愿",皆得圆"满"实现,"乃至"悟证"菩提"。

己二　得护持益

庚一　曼殊护持

尔时,曼殊室利童子白佛言:"世尊! 我当誓于像法转时,以种种方便,令诸净信善男子、善女人等,得闻世尊药师琉璃光如来名号,乃至睡中亦以佛名觉悟其耳。

如来说到,于药师法门凡能受持、供养的众生,药师如来及与诸佛都会加被护持;曼殊室利菩萨即随顺佛旨,而说自己与诸天护持。先是曼殊菩萨发愿护持。

当释尊开示供养利益"时","曼殊室利童子"禀"白佛"说:"世尊"! 受持供养有这么大的功德,为了利乐有情,"我当"发大"誓"愿,要"于像法转时,以种种"善巧"方便","令"一切有清"净信"心的"善男子、善女人等",大家都能"得闻世尊药师琉璃光如来"的"名号",甚"至"在惛沉的"睡"梦"中",也"以"药师"佛"的"名"号,给他们听到而有所"觉悟"。这是曼殊菩萨在佛前所发的悲愿。现今大家能够听到药师如来的圣号,亲闻《药师如来本愿功德经》,可说皆因曼殊菩萨的悲愿力的加被。梦里见佛或闻佛名号,也是常有的事。半年前,有位居士告诉我：台中有一位太太，原是天主教徒，一天夜里，在梦中见一块不像是树干又不像石头的东西，上面刻着"大悲心陀罗尼"六个大字。她为此请教很多人，个个都说不懂；后来遇到一个佛教徒，才告诉她，佛教确有这么一部叫《大悲心陀罗尼》的经典。她于是改信佛教，并且发心印行那一部经。这有两方面的因缘：一是自己善根已经达到成熟阶段，二是菩萨的大悲愿力，使众生在梦中不知不觉间发现到。当前法会大众，不要以为自己没有善根，梦里不曾见有菩萨指点；我们在清醒时，能够听闻或持念药师圣号，及能闻此药师法门，比之梦中的见佛闻法，善根要深厚得多呢！

庚二　诸天护持

若于此经受持读诵，或复为他演说开示；若自书，若教人书；恭敬尊重，以种种华香、涂香、末香、烧香、华鬘、璎珞、幡盖、伎乐，而为供养；以五色彩，作囊盛之；扫洒净处，敷设高座，而用安处。尔时，四大天王与其眷属，及余无量百千天众，皆诣其所，供养守护。

诸天护持与曼殊护持稍有不同：曼殊是以各种方便，令人得闻药师圣号；诸天则是护持修学药师法门的人。

曼殊又说："若"有人对"于此"药师琉璃光如来本愿功德"经"，能自己"受持"——领受经义，持念不忘；阅"读"、背"诵"，"或"者"为他"人"演说"，如实"开示"；或"自"己"书"写此经，或劝"教"他"人书"写。这都是修学药师法门应修的法行。不管读诵也好，讲说、书写也好，对于法宝总要生"恭敬"

心、"尊重"心,如开经偈说:"无上甚深微妙法,百千万劫难遭遇。"对于经典,要"以种种华香、涂香、末香、烧香、华鬘、璎珞、幡盖、伎乐,而为供养"。璎珞,即用线贯串起来的各色珠宝。幡是扁形的长幡;盖是圆顶的凉伞,可遮太阳。伎乐,如琵琶、箫、笛、琴等乐音,及歌唱的佛赞等。修持药师法门,须从内心生起虔诚的崇敬,又要以香花宝盖等供养。同时,还要"以五色彩"缎"作"成经"囊","盛"置《药师经》,然后将"处"所"扫洒"清"净","敷设高座","用"作供坛,"安"放经典。

学佛者,常有用金或刺血写经,而作虔诚的供养。供养经典,使人生尊敬心,难得想,从此听闻、读诵、受持经义,进而依解起行。一般寺院,把藏经请去,置之高阁,供养得好好,而却不进而读诵受持,不知发掘其中法味以长养自己的慧命,因之减少了供养法宝的意义与无上价值。佛法以信心为本,为了易于领受经里的教诫,大乘经典都特别重视隆重的供养。所以药师法会依照仪轨规定,坛的当中应该供奉《药师经》。

在庄严清净的法坛中,大众(个人也如此)若能如法供养修持,那"时四大天王与其眷属,及"其他"无量百千天众,皆诣其所",而作"供养,守护"修行者。诸天的降临,一是尊重法宝;二是见法坛布置如法,行者心诚,一意奉持,故特来随喜——听闻、礼拜等;三是特来护持道场,以免恶鬼神的扰乱。四大天王向为佛教有名的护法,故大寺院的山门总供奉四大天王的形像。真正修学佛法的人,用不着请,诸天自己会来。如法坛布置不如法、不清净,修学的人无诚心、无恭敬心,那无论怎样请他,也是不会来的。经中说:若能至诚一心修持,不但四大天王,即帝释梵天等都会来护持。经说："减少阿修罗,增益诸天众。"众生肯发心修学佛法,即是向善向光明,即使不得解脱,也可生天,所以修学佛法的人多,天众也就跟着增加;而阿修罗(天的捣乱者)自会减少。因此,诸天见人修学佛法,便生随喜心,誓愿护持。诸天莅临时,人虽见不到,但有特殊现象可为证明:一、异香满室。二、所供鲜花虽隔天而不萎谢,鲜艳如初从树上摘下一样。三、大众同见光明——非个人的幻觉。天人下降护法的现象很多,这不繁述。总之,参预药师法会,如能真实如法修持,确有这些感应的。

　　谈到护法,最好是不请自来,受道行的感召而来,其动机真诚而纯正,才能贯彻始终一意护法;否则请求而来,自己身心不纯净,有时不仅不护法,还要引起麻烦。天神护法如此,宰官护法何尝不如此?若能道场清净,生活严谨,精进道业,弘扬佛法得人的信敬,自会来护法,这是从自力中引生他力。不然的话,请求护法,有时会增多困难的。

世尊!若此经宝流行之处,有能受持,以彼世尊药师琉璃光如来本愿功德,及闻名号,当知是处无复横死;亦复不为诸恶鬼神,夺其精气;设已夺者,还得如故,身心安乐。"

　　曼殊菩萨又接着说:"世尊!若"是"此"药师"经宝流行"的地方,"有"人"能"够恭敬"受持"。一方面,"以彼世尊药师琉璃光如来"的"本愿功德"力;一方面"及"听"闻"药师如来"名号",而忆念受持力,承此功德善根,"当知是处无复横死"——即在那《药师经》流通的区域内,不会有非分而死的,同时也不会"为诸恶鬼神夺其精气"。有些人平时精神焕发,色力充足，陡然间一天天颓萎下来，色力减退，精神由不振而颠倒错乱，这即遭邪神恶鬼夺了精气的病相。若依药师法门修持，便不致遭此厄难；"设"使"已"经被"夺"，也会慢慢"还"复健康，"如"同正常时候一样，"身心安乐"。俗语说"邪不胜正"，如我们修学佛法，心地光明，思想行为都纯洁严正，那么一切邪恶鬼神，不独不敢来夺精气，就连和我们接近也不敢的。我们修学佛法，要懂得此理，切勿起不纯正的思想与不合法的行为，以免自寻苦恼。

戊二　受持得加被益

己一　受持仪轨

佛告曼殊室利："如是！如是！如汝所说。曼殊室利！若有净信善男子善女人等，欲供养彼世尊药师琉璃光如来者，应先造立彼佛形像，敷清净座而安处之；散种种华，烧种种香，以种种幢幡庄严其处；七日七夜，受八分斋戒，食清净食，澡浴香洁，着清净衣，应生无垢浊心，无怒害心，于一切有情，起利益安乐，慈、悲、喜、舍，平等之心，鼓乐歌赞，右绕佛像。复应念彼如来本愿功德，读诵此经，思惟其义，演说开示。

此下，说明受持而得药师加被的利益。应怎样受持才能合法而得感应？所以对修持药师法门的仪轨，先加以说明。

释迦"佛"认为曼殊所说的不错，所以印可他说：是这样！是这样！正"如汝所说"的。接着就告诉曼殊说："若有净信善男子"及"善女人等，欲"想"供养彼世尊药师琉璃光如来"，"应"该首"先""造"作药师"佛"的"形像"，然后"敷"设"清净"

的高"座""而安处"佛像。上已说过,佛像的体质有木刻的、金塑的、铜铸的、纸绘的,各式各样不同。依本经说,药师坛内须供七尊佛像——均为药师佛像。在所供佛像前,应该"散种种华"。散花,原是印度的敬礼;当释尊游化说法时,听众每来散花。还要"烧种种香"——如末香、檀香、沉香等类。并"以种种幢幡庄严其处"。这些,是关于坛场的布置事宜;至于行者的修持方面,则应该:"七日七夜,受八分斋戒"——这约未受戒或仅受五戒的在家信众说。"食清净食":如受八关斋戒的,吃晚饭即是不清净,或吃蒜韭等荤物都属不清净食。对于身体,也要时常"澡浴香洁",随时更换"清净"的"衣"服。还有更要紧的,参加药师法会,内心必须清净,不"生"一点"垢"秽染"浊"的"心"念,也不发"怒"或存有"害"人的不良心理。因为佛法最重慈悲,特别是药师法门,它的基本精神就是慈济众生、利乐众生;若起怒害心,则与药师法门不相应。所以我们不但对于父母师长、兄弟妻子不生怒害心,"于一切有情",也应尽量生"起利益"和"安乐",皆待以"慈、悲、喜、舍,平等之心"。慈是与乐,悲即拔苦;一方多予人快乐,一方减除人的苦痛,名为慈悲。喜是无嫉妒心,见人离苦得乐,生欢喜心。舍即平等心,不分冤亲爱恶,一律平等看待。这四种心,名为四无量心。此心非常广大,因在一切众生边起,而众生无量,此心也就无量,故名四无量心。身心都已修治清净,而后来修持。一、"鼓乐歌赞"。二、"右绕佛像"。鼓乐,如击犍槌;歌赞,如唱念药师赞偈等。右绕佛像,是表示敬佛。中国以左为大,印度以右为大,故绕佛皆从右而左。三、"应念彼"药师"如来"的"本愿功德"。念佛,不光是口头称念佛名,还要由内心忆念佛的功德。尤其是药师如来,更要多多忆念其因地十二大愿,消灾免难的慈济精神,及与依报正报的无尽功德,如此才能与佛的心愿相应。四、"读诵此"药师"经"。要深深地"思惟",以求理解得"其"中奥"义",依解起行,行解相应。五、为人"演说开示"。这是释尊开示启建药师法会所应具备的条件。我们参预法会共修,或为个人专修,都应切实遵照释尊指导的轨则去行,然后才可获得所希求的成果。

己二　受持效益

庚一　获福益

随所乐求,一切皆遂:求长寿得长寿,求富饶得富饶,求官位得官位,求男女得男女。

依如来的善巧方便,施设修学药师法门的方轨,必能获得效益。效益中又分二,先是获福益。

由于奉行药师法门,能够得到"长寿"、"富饶"、"官位"、"男女"等四种福报,可见药师法门对现生乐的重视。现生乐的要求,是人类普遍而本能的要求。在这人世间,能获致绵长的寿命、富裕的经济、崇高的政治权位、满堂的儿女,几乎被看为人生幸福的极点,谁不希求?一般人从生到死,忙碌一辈子,无非为了满足这些欲望。然而人生是缺陷的,任凭怎样努力趣求,也难以完满实现。只有依药师法门去行持,仗药师如来大悲愿力的加被,始能"随所乐求,一切皆遂"。

我觉得,修持药师法门而满足这些愿望倒还容易,唯得到之后,将如何运用这人生的幸福,却值得考虑。例如利用长寿,多做饶益众生、建功立德的事业。利用富裕的经济能力,给孤济贫,广作文化慈善公益。利用官位权力,作革新社会,改善民生,利益社会人群;或能更进一步,利用政治力量,护持三宝,发扬佛教精神,以促进政治的健全。若有了儿女,能施以良好的教育,为社会国家造就健全的公民和有用的人才;从自己说,培植出养老送终的孝子,将来始可老而有赖。这样的人生,不独美满幸福,而且才过得有意义,才切合药师如来加被的原意。否则,寿命虽长,而所作所为全是危害国家社会的坏事,倒是早些夭亡还干净些!若有了钱而不做慈善公益,或自己胡乱挥霍,或专留给下代子孙作业造罪,还不如困穷而能安贫乐道的好。求得官位,而倚仗权势,欺凌弱小,压迫善良;或贪污舞弊,弄到身败名裂,这又何苦来?又如生得儿女满堂,而尽是不肖之徒,既不孝敬父母,又不奉公守法,终日游荡,不务正业,结果耗尽财产,为非作歹,扰害人群;多生儿女而增添苦痛麻烦,试问有何好处?所以我们修学佛法的,对这四项,应当愿求圆满,但必须多加考虑,才不致弄成因福得祸。从这些地方即可知道:现生乐虽好,但不彻底;要善能运用,运用得恰当,引入出世大乘,才能得到真实受用。

前面说,药师如来发十二大愿,对于为饥渴逼恼的众生,先以上妙饮食饱足其身,然后以无上法味令其毕竟安乐,由浅而深。这四事,也可作深一层解释。如长寿,世间的长寿,即使活到一百二百岁,也不过是"石火光中寄此生",只极短暂的一闪便归幻灭。若由如实智慧,证得法身慧命,尽未来际,不生不灭,那才真正得无量寿哩!论富饶,《法华经》说,佛为大富长者;菩萨有无量的本愿功德,佛果有无边的法财,受用不尽;药师净土是琉璃宝所成,阿弥陀佛的极乐世界也都以金银七宝等物为严饰,这是何等的富有?官位,佛于一切法得大自在,为三千大千世界的法王,其崇高地位超过一切有权力者。再说男女,佛法每以善心诚实为男子,柔和忍辱为女人。所以我们修学佛法,对此四事应该有深一层看法,要以证得法身慧命、具备功德法财、登法王位,以及有诚实和忍辱的德性为愿望,这才是药师法门的最高境界。

庚二　免难益

辛一　百怪出现难

若复有人,忽得恶梦,见诸恶相,或怪鸟来集,或于住处,百怪出现;此人若以众妙资具,恭敬供养彼世尊药师琉璃光如来者,恶梦恶相,诸不吉祥,皆悉隐没,不能为患。

下为免难益,第一是离百怪出现难。

释尊说:"若复有人",睡觉的时候"忽得恶梦",看"见"种种"恶相"现前;"或"有不祥的"怪鸟",如猫头鹰、乌鸦之类,突然飞"来"聚"集"家中;"或于住处,百怪出现",如房屋巨响,器皿自破,或夜出怪声,种种希奇的现象,从未曾有过,而骤然发生,这都是个人或家庭不祥的预兆。此类异乎寻常的现象,使人引生不幸的预感,而且每有应验。近见报纸登载:有个外国人,养了一条狗,一天忽然跳出屋外大声狂吠起来,主人跑出一看,整个屋子跟着坍下。据科学家研究,人们将发生不幸的事情,畜类可能有一种第六感官,可以预感得到。我们若遇到这类怪现象,第一、不要慌,一慌就不易应付。如正人君子,心地坦然,或是有道德有修持的人,索性就不要睬它。我国有句俗语:"见怪不怪,其怪自败。"第二、若德行有亏,则虔诚称念药师如来圣号,祈求佛力加被,一切怪事自可消灭。所以这里说,遇怪现象扰乱的"人","若"依上面所指示的,备办各种美"妙资具,恭敬供养彼世尊药师琉璃光如来",那么所有"恶梦恶相"等"诸不吉祥"的现象,就会"皆悉隐没,不能"成"为"我们的祸"患"。

辛二　一切怖畏难

或有水、火、刀、毒、悬险、恶象、师子、虎、狼、熊、罴、毒蛇、恶蝎、蜈蚣、蚰蜒、蚊虻等怖;若能至心忆念彼佛,恭敬供养,一切怖畏皆得解脱。

在各种恐怖的灾难中,此处列举出来的,"有水"灾,大水成灾,可淹没园田的农作物,冲毁房舍,漂没生命。如大陆空前未有的大水灾,不知多少灾民,等待救济。"火"灾,大火成灾也可怕,有时一烧就是百千栋的房屋,人命财产的损失极为惨重。"刀"灾,即战乱时期的一切灾难。"毒",是遭毒药所害。"悬险",即走上绝崖峭壁及危桥险坑,容易失足堕落。"恶象",象有暴戾的,见人就要蹹死。另外还有恶"师"、猛"虎"、凶"狼"、犬"熊"、和"罴"——即人熊等,都是兽类中最凶猛的一群。"毒蛇、恶蝎、蜈蚣",是毒虫,若被咬到,不是中毒致命,便是发肿发痛。"蚰蜒",俗称蓑衣虫,与蜈蚣同类,毒液渗入皮肤,立即起泡,发痛发痒。"蚊、虻",如前已说到。众生"若能至心忆念彼佛"——药师如来,及"恭敬供养",便能承此殊胜功德,对以上

"一切怖畏"灾难,"皆得解脱"。

我们之所以会遭遇猛兽毒虫的啖害,一是由于自己宿业的招感;二是现前心意太毒。我们称念药师圣号,一面消除业障,一面培植慈悲心,减除毒害心,如此便可消灾免难。有的人说:虎狼是人类的祸害,应该把它扑灭。其实毒蛇猛兽并不一定要伤人,而是人心太毒太坏了,总是存心要伤害它,为了自卫,它当然也会伤害你。有人问驯兽师:何以整天跟老虎狮子一块玩而不被伤? 他说:简单得很,只要取得它们的信心,让它们确知你实无心害它,而且对它有利,它也就不会咬噬你,并且和你成为好朋友,任凭抚摩玩弄,毫不介意。可见老虎、狮子也有友好的感情。克实说来,虎狼猛兽是怕人的,凭它们的本能与经验,见了人就以为要伤害它,所以迎头抵抗。蜈蚣也是如此,有时爬在我们的身上,不摸它没有事,摸它就被咬一口,因为它要自卫,故起而反抗。我们学了佛,宿业一天天消损,慈悲心一天天增长,一切恶兽毒虫的伤害,自会渐渐减少。古语说:"至德之世……",这是真理,并非笑话。佛教有的祖师住在山中,无人照应,就养两只老虎作伴,在他慈悲心怀的抚慰之下,一切驯服听话。明乎此理,欲求消灾免难,就得至心称念药师如来的名号,以消除宿业,滋长悲心;将内心的嗔毒,洗刷得干干净净,然后灾难始得免除,否则,可别以为药师如来不感应呢!

辛三　内乱外患难

若他国侵扰,盗贼反乱;忆念恭敬彼如来者,亦皆解脱。

国家的灾难,不出二种:一、为"他国侵扰"——外患;二、为

"盗贼反乱"——内乱。国家战乱,弄得国破家亡,妻离子散,民众到处逃难,不能安居乐业,真是痛苦极了!这是关于内乱方面的。外患如日本过去的侵略我国,在八年的长期抗战中,人力物力不知损失多少,挨尽战争的苦痛。总之,不管内乱也好,外患也好,我们不幸遭逢这种国难民祸,若能"忆念、恭敬"、礼拜、供养"彼"药师"如来",这些内乱外患的灾害,"亦皆"能够获得"解脱"。因为一个国家受到内外祸患,其主要因素即是本身不健全,所谓木腐而后虫生,如内部健全,无隙可乘,外人不敢侵犯,内乱更不会发动。我们称念药师如来名号,依药师如来的本愿去实行,这些灾难根本不会发生;若万一已经发生,仍须称念药师圣号,修持药师法门,祈求如来本愿功德的加被,同时消除大众的业障。国难是大家共业的所感,非个人或少数人的事,所以要大家至心一意,共修药师法门;大家一致称念佛号,恭敬礼拜,发愿忏悔,这样才能灭除国难——从重而轻,由轻化无。

元朝兵力最强,曾派兵东征日本,日本因国小兵弱,无力抵抗,非常着急,后来发动启建护国消灾法会,由全国民众集中力量,一致祈祷佛力加被,结果元兵两次进犯,兵船都被狂风吹覆,而日本的国难也得以幸免。可是后来,日本反转来侵略我国,终至酿成第二次世界大战,美国也参加攻击日本,情势危急。日本也曾修息灾法,结果,原子弹仍然落在日本。所以,佛力的感应,应为系受人侵略,如侵略他人,那是罪有应得,除非确实认错,痛切忏悔,一切都没有用。

辛四　毁犯堕落难

复次,曼殊室利!若有净信善男子、善女人等,乃至尽形不事

余天,唯当一心归佛、法、僧,受持禁戒,若五戒、十戒、菩萨四百戒、苾刍二百五十戒、苾刍尼五百戒,于所受中或有毁犯,怖堕恶趣,若能专念彼佛名号,恭敬供养者,必定不受三恶趣生。

毁犯尸罗,堕三恶趣,也是一大厄难。所以释尊呼曼殊室利说:"若有净信善男子、善女人等",从归依三宝时起,"乃至尽形"寿——到死为止,"不事"奉或信仰其"余"的"天"魔外道,"唯当一心"一意"归"依"佛、法、僧"三宝。修学佛法的第一课,即是归依三宝,归依了三宝,就不许更归依邪恶鬼神及其他各种宗教,因为信仰是专一的。所以说要尽形寿的归依,信心才有着实的归宿。否则见这也归依,见那也归依,信心泛乱而分散,等于没有信仰。真正归依三宝,必须记着:如有人说什么三教同源、五教同源,即是外道邪说,切不可信! 或有人说:信了佛不能连财神爷都不要。须知佛法是丰富的宝藏,求财求寿求男女,佛教中样样现成,都能满足众生的心愿;何必供养非佛教的财神? 信佛而不归依魔外,为归依三宝最根本的原则。

有清净信心的佛弟子,首先归依三宝,其次便要"受持禁戒"。戒为佛法的根本,没有这一根本,一切微妙善法便无从出生,所以佛弟子必要受戒。受过了戒,佛弟子的资格才算具足。有人因恐受戒而不能持守,毁犯了罪过更重,其实如杀盗淫妄等性戒,就是不受戒,犯了也同样有罪过。戒有"五戒、十戒、菩萨四百戒、苾刍二百五十戒、苾刍尼五百戒"。五戒为在家近事弟子所受持的;十戒为出家沙弥、沙弥尼戒。如约十善说,即通于在家出家。菩萨四百戒,有译为一百四戒,《瑜伽菩萨戒经》说有四重四十三轻，依《梵网经》则为十重四十八轻。比丘尼总数五百戒，实际上仅有三百多戒。在以上"所受"的各种禁戒"中"，无论是优婆戒、沙弥戒，乃至菩萨戒，"或有毁犯"了的，当然会"怖"畏"堕"落"恶趣"。犯戒众生，"若能专"心称"念彼"药师"佛"的"名号"，以及"恭敬供养"药师如来，那么依此善根功德，犯戒罪垢就可消除，"必定不受三恶趣生"。犯戒众生，果真有怖畏心、惭愧心，能够痛切悔悟，发露忏悔，以慈济众生为本怀的大觉世尊，自然可以悲愍摄受，威力加被，给予自新的机会。释尊住世时，有比丘比丘尼犯了根本大戒，也允许他们作与学沙弥，可免于堕落恶趣；不过现生不能解脱生死罢了。

辛五　女人生产难

或有女人，临当产时，受于极苦；若能至心称名，礼赞恭敬供养彼如来者，众苦皆除。所生之子，身分具足，形色端正，见者欢喜，利根聪明，安隐少病，无有非人夺其精气。"

"或有女人"怀胎期满，"临当"生"产"的"时"候，受到"极"大的"苦"痛。女人生小孩，原为生理上的自然现象，犹如"瓜熟蒂落"，应该没有什么苦痛才是。每见穷人家的妇女，每于分娩的前夕还在田里工作，觉得快要临盆了才回家休息，生了两三天便又工作去了，好像什么没有似的。虽然产时总有些阵痛，但不一定太苦。生产之所以太苦，主因大概有两种：一、怀孕期间不知调养，或饮食起居不节，或多嗔多淫。二、或有一般妇女，平时娇生惯养，微微有点感觉，就身心躁动，日夜不安，等到真要生产，精疲力竭，反而不易产下。除此之外，确系前生业障所感的产难是很少有的。大部分的苦痛,可说都是自找的。现代医药发达,医术高明,在医院中生产,苦痛更少了。如确系难产受剧苦时,"能"够"至心称名,礼赞恭敬供养彼"药师"如来",一切产难的"苦"痛,尽"皆"可以消"除"。

关于难产的问题,《印光大师文钞》曾讨论到:生产的苦痛,可能是未到时间就急于要生,用力过度所致。故一般均教产妇静躺休憩,不要着急,待时间一到,如顺水推舟,自然不苦。若对佛教有信仰的,则劝其诚心称念药师圣号,观想佛的相好庄严、微妙功德,各种苦难便可冰消。有的人说:产房污秽,不可念佛。其实这完全错误,佛菩萨是大慈大悲的,若见众生苦难,不管处于最污秽的环境里,也会莅临救济。如慈母看见爱子误坠毛厕,绝不会厌恶他的龌龊而袖手旁观,不予援救的。佛菩萨视一切众生如爱子,尽管在生产时,皆应诚心念佛圣号,佛一样可以俯垂加护,令其离苦得乐。不独产妇可以脱离苦难,即她"所生"的"子"女,也因母亲念佛礼佛的功德,而"身分"——手足五官等"具足","形"貌"色"相"端正",凡看"见"的都生"欢喜"心。加之天性敏"利",善"根"深厚,"聪"颖"明"慧,从小至大,"安隐"无事,"少病"少恼,"无有非人"来"夺其精气",容易抚育成人。

佛教的业感说,除自己造业自己受报(感果)而外,还有一种颇强的展转增上力,也即是说,别人的业力也可以影响、引发自己的果报。故本经特别强调,父母平时或临产时,称念恭敬供养药师如来,生的小孩也会因之相貌端正、智慧利根。依因果律说,自己的因感自己的果,那是必然的法则,无可异议;即父母的善恶业因,也可影响儿女的祸福。人与人之间,有着密切的依存关系,因此,一切祸福利害也就不无相关。甲的行为,在某种情形之下,可以把乙的思想性情完全改变。母亲对于婴儿,影响力尤其重大。怀了孕的母亲,如果能归依三宝,受了佛法的熏陶,性情善良、温柔、娴静,少生烦恼,且多作功德,小孩便可五官端正,聪慧无病,这叫做胎教。如母亲常起烦恼,性情暴躁、残酷,或多贪欲,小孩大半是性情暴恶,或多病、愚痴。小孩出生之后,如父母信奉三宝,常行布施,爱物护生,小孩的心地纯白,摹仿性强,易于受熏,如此累年积月跟在一起,目染耳濡,将来自然也能善良和爱。当母亲的,谁都欢喜生好孩子,这必须以身作则,从自己向善做起。

有些年轻夫妇,感情融洽,经济环境都很好,心地也很正直,家庭非常和睦,生的小孩子也就很聪明可爱。有些夫妇,因为家庭环境不好,感情破裂,时常吵闹发脾气,结果生了孩子也染有恶习。这即所谓展转增上力——他力。在座诸位,为了家庭幸福,为了儿女健康聪明,大家应该至诚恳到,信奉三宝,多修福德。

丙三　德行叵思

丁一　信解难得

戊一　问答决定

尔时,世尊告阿难言:"如我称扬彼世尊药师琉璃光如来所有功德,此是诸佛甚深行处,难可解了,汝为信否?"

第三明德行叵思;佛的功德、愿行,不可思议,非我们众生所能理解得到,想像得到。此中分二,今是第一信解难得。因佛的功德愿行不可思议,所以就难信难解;众生于此难能信解中而能生信起解,实在难得。这又分三,先问答决定。

也许有人发生疑问:何以上文的当机者为曼殊,而现在却告诉阿难?要知道,曼殊是智慧第一的大菩萨,凭他智慧,对佛的功德妙行,没有什么不可信解的,所以将此问题转问阿难。阿难,意译庆喜,为释尊在家的堂弟,非常聪明,听什么就记得什么,博闻强记,为佛出家弟子中"多闻第一"。他前后跟随释尊二十年,佛所说法都能记忆不忘,是结集经典的重要人物。现在,释迦"世尊告"诉"阿难"说:像"我称"赞宣"扬彼世尊药师琉璃光如来所有"的"功德",这"是"十方"诸佛"最奥妙,极"甚深"的"行处",在一般众生是最"难可解了"的,"汝"阿难听了可相"信"吗?甚深行处,为佛的境界,即佛的智慧慈悲所行的境界。佛的智慧方便及其慈悲济世的妙用,极广极深,一般凡夫的心境,确实无法生信。因此,释尊特别提出,假借与阿难的问答而普示大众。

佛法有大小乘,一切经典不完全一致,各有它的中心论题。对于一切大乘经,大体可以分为三大类:一、是重于境相的分析,二、是着重行门的叙说,三、是注重果德的显示。侧重境相的,如说明世界的情况、六道的轮回,以及众生的色身、心识等,总之是说明宇宙人生的各种现象,有科学、哲学的意味,最现实,所以易于信仰和理解。着重修行的,如说明布施、持戒、忍辱、精进、智慧等等,这是陈述发菩提心、修菩萨行的一切,比较难解,特别是关于修定、发慧、体证毕竟空性。真如不二,实相无相,这些胜义行更不易解；不过与果德比较起来，还可推论而知。阐述果德的，如《法华经》、《华严经》、《弥陀经》、《药师经》这类经典，所说的都是佛果位的圆满功德、神通、智慧、利生济世等事。《弥陀经》说"此难信之法"，《法华经》也说"其智慧门，难解难入"，《华严经》也以佛果为本而说明一切。这与我们凡夫的心境差得太远，故难于信解。本经说药师如来的本愿功德及其广大行果，也是不易理解不易确信的。所以教化众生，给他讲唯识，给他分析自然现象与心理活动，倒还容易接受；进而论到菩萨行门，观照缘起性空，不生不灭真性，还不难信解；如说到佛果的境界，那就太高深，太难解难信了！佛法的境行果，是有其一贯性的；从境相的分析，到行门的陈叙，到果德的阐发，约众生说，也即是由可思议到不可思议，由易信解到难信解。

阿难白言："大德世尊！我于如来所说契经，不生疑惑；所以者何？一切如来身语意业，无不清净。世尊！此日月轮，可令堕落；妙高山王，可使倾动，诸佛所言，无有异也。

这是阿难回答的话。他说："大德世尊！我"对"于如来所说"的"契经"（上契诸法真理，下契众生之机）深深信受，绝"不生"起任何"疑惑"。大德，梵语婆檀陀，是对佛的一种尊称，也可译为尊者，含有极其尊重的敬意；现今多滥用，一般在家人也称为大德了。阿难是一位声闻行者，对释尊所说的诸佛甚深行处何以能够深信不疑？据阿难自己向佛的表白，即因为"一切如来身语意业，无不清净"。如来的动身发语，以及起心动念，一切三业妙用，无非是清净法界的等流，无非是智慧慈悲的表现。二十年来，阿难形影不离地跟着佛，亲自目睹耳闻，当然最为了解；所以佛陀在他是唯一可信的。既相信佛，而此经出自佛口，自然也就可以深信不疑了。所以阿难并非真能信解诸佛甚深行处，而是信任释尊的圣格，绝不会说假话。因此，所说最深难解的如来果德，他能信受不疑。人类的信仰，原有二种：一、用自己的智力，从究理而起的信仰。二、由于信任别人的启示，间接引生自己的信仰。这如有人从远方来，讲述那边的情形如何如何，虽是极难令人置信的事情，但由于说者一向诚实可靠，也可使大家相信不疑。阿难从信佛而深信药师如来的本愿功德——诸佛甚深行处，也是这个道理。从前有一外道，不信释尊已证大菩提，特地暗派他的儿子跟随佛，视察佛的各种生活动态，经过了三个月，看不出佛的一点毛病，这才弃邪向正，归依佛陀。佛的威仪严肃，衣服整齐，内外一致；说法也用不着思考，说出自然契机契理，恰到好处；佛对世出世法，不用推求，自然现前明了。佛的三业如此清净如法，还有什么可疑！阿难跟佛最久，而且最接近佛，在日常生活中，佛的穿衣吃饭、行住坐卧、待人接物，乃至说法度生，每一样的动作，阿难都了解最为亲切，所以阿难对发扬药师如来果德的本经，彻底相信。他接着说：纵使天空的"日月轮，可"以"令"它"堕落"下来；地上的"妙高山（须弥山）王，可"以"使"它"倾动"，而"诸佛所"说的话绝对真实不虚，"无有"变"异"的！这即是表示，纵许日月轮有掉下来的一天，须弥山有倾动的一天，而阿难对佛说的可信性，却始终不会稍有动摇。

戊二　信谤德失

世尊！有诸众生，信根不具，闻说诸佛甚深行处，作是思惟：

云何但念药师琉璃光如来一佛名号,便获尔所功德胜利? 由此不信,返生诽谤;彼于长夜,失大利乐,堕诸恶趣,流转无穷。"佛告阿难:"是诸有情,若闻世尊药师琉璃光如来名号,至心受持,不生疑惑,堕恶趣者,无有是处。

众生对此难可解了的诸佛甚深行处,若相信不疑有何功德,若诽谤不信有何过失。先由阿难陈述不信的过失。

阿难说:"世尊! 有诸众生",因为"信根(坚固的信心,如树之生根)不具"足,"闻说诸佛甚深行处",便"作"这样"思惟":凭什么理由"但念药师琉璃光如来一佛"的"名号",就能够"获"得那么多的微妙"功德"和殊"胜"的"利"益?"由此"疑惑"不信",继而"返生"种种"诽谤"。因这是诸佛共同的甚深境界,智慧较深的,还可从推理中求得信解,若智力薄劣的,对于佛法没有深固信心的,当然难于信受了。不信而反加诽谤佛法,罪过很大,所以说"彼于"漫长的生死"长夜"中,得不到佛光的照耀,一切福德智慧无由滋长,"失"去了极"大利乐"! 永远"堕"落三"恶趣"中,沉没苦海深渊,"流转无穷",求出无期。《般若经·赞毁品》说:一切功德赞叹经典为大;一切罪过以毁谤经典为重。

接着,由佛赞叹信受的功德。佛"告"诉阿难"说":"是诸有情,若闻世尊药师琉璃光如来名号"而起净信,"至心受持"忆念,恭敬供养,"不生"丝毫"疑惑";如果这样而还会"堕"于"恶趣",决定"无有是处"! 因为闻说药师如来的名号,能够信受忆持,至心称念,便可蒙佛慈悲愿力的加被,得以往生净土,或受生天上人间了,哪有堕于恶趣之理? 这是决无可能的。

戊三　信解希有

阿难！此是诸佛甚深所行，难可信解；汝今能受，当知皆是如来威力。阿难！一切声闻、独觉，及未登地诸菩萨等，皆悉不能如实信解；唯除一生所系菩萨。阿难！人身难得；于三宝中，信敬尊重，亦难可得；得闻世尊药师琉璃光如来名号，复难于是。

既说明了信谤的德失，再归结到：对药师法门能生净信，能如实理解，为最极难得、最极希有。所以释尊又告诉阿难说：这以上所说药师如来的无边功德，"是诸佛甚深"悲智"所行"的境界，一般众生"难可信解"，而"汝"阿难现"今"却"能"信"受"，"当知"这不是你自己的智慧力所能办的，而完全"是如来威力"的加被。因为，这不但一般愚痴暗昧的凡夫难于信解，即解脱生死、证得小乘极果的"一切声闻"和"独觉"，以"及未登"初"地"之前——十信、十住、十行、十回向的"诸菩萨等"，也都同样"不能如实信解"。登地菩萨，对于佛法才算已经登堂入室，分证得如来的法身，也才能部分如实信解诸佛的甚深行处。如实信解，是真实的、亲切的确信，和彻底的、明了的体解。如一瓶醋，只听别人说是酸的，虽然可信，但不够确切实在，必须亲自尝了一口，然后才确实知道它是酸的。我们平常的信，只是一种仰信；相信佛、菩萨、祖师等，均属仰信，即由尊敬仰慕而起信。对于佛果的功德，凡夫固然不能如实信解，就连二乘圣者、地前菩萨，也都未能如实信解，"唯除一生所系菩萨"——即下一生就成佛的补处菩萨，才能如实信解。阿难的信与我们的信，同属于仰信；真正的如实信，那就要亲自体证，所以极其不易。

释尊以如实信解不易，又作层层深入的说明：在生死轮回中，"人身"是非常"难得"的；得了人身，能"于三宝中"，起"信敬尊重，亦难可得"。如今世界上二十多亿的人群中，信敬三宝的能有几人？这虽然是难中之难，但还不及听闻药师如来而如实信解的难得，所以说"闻世尊药师琉璃光如来名号，复难于是"。这有三层：第一、人身难得，第二、信敬三宝更难得，第三、闻药师名号更极难得。由前面的两难得，显示最后的难得。释尊为什么要这样说呢？须知对佛的果德，难信能信、难解能解，才显出信解者所获的功德是如何之大！

丁二　功德无尽

阿难！彼药师琉璃光如来，无量菩萨行；无量善巧方便；无量广大愿；我若一劫，若一劫余而广说者，劫可速尽，彼佛行愿，善巧方便，无有尽也！"

佛的德行难思，信解固然难得，功德无尽，也难以尽说。因为佛有无穷无尽的功德，故难以信解；由于难信难解，显得佛功德的无穷无尽。

佛对"阿难"说："彼药师琉璃光如来"为什么有那样大的功德，令众生闻其名号，一切灾难悉皆消除，一切愿求都能满愿？因为，在过去菩萨因地中，修"无量"的"菩萨行"，发"无量"的"广大愿"，所以成佛以后，即有"无量善巧方便"，慈济一切有情，令其离苦得乐。不但佛果的善巧方便无量无边难以说尽，即菩萨因中的广大行愿也难说尽，所以释尊说："我若"以"一劫"

或"一劫余"的时间，"而"来"广说"药师如来的无量行愿和善巧方便，也还是说不完。因为"劫"的时间虽长，而到底是有"尽"的；"彼"药师"佛"的广大"行愿"及其"善巧方便"，却是"无有"穷"尽"的，怎么说也说不完。这是显示药师如来因行与果德的广大无尽。

乙二　菩萨弘传

丙一　开示弘通

丁一　救病难以延命

戊一　说延寿法

己一　起说

尔时，众中有一菩萨摩诃萨，名曰救脱，即从座起，偏袒一肩，右膝着地，曲躬合掌而白佛言：

如来开示后，必有称机的大菩萨发愿继佛弘扬，这等于老师提示根本道理，由学生去发扬光大。今此菩萨弘传，特重于消灾延寿。也分三科，第一开示弘通。先是救病难以延寿。

当释迦如来开示结束"时"，在法会的听"众中，有一"位"菩萨摩诃萨，名"叫"救脱"。此大菩萨，顾名思义，即救拔众生脱离苦难，是依德立名。因药师世尊的精神重此，所以代佛弘扬消灾延寿一门，由这位救脱菩萨来负担。救脱菩萨"即从"自己的"座"位站"起"来，依着请法的礼仪，"偏袒一肩，右膝着地"，恭敬地"曲躬合掌，而"向"佛"禀"白"他的意思。

己二　正明

庚一　病患垂危

"大德世尊！像法转时，有诸众生，为种种患之所困厄，长病羸瘦，不能饮食，喉唇干燥，见诸方暗，死相现前；父母、亲属、朋友、知识，啼泣围绕。

救脱菩萨说："大德世尊"！到佛灭千年后，"像法转时，有诸众生"善根微薄，业障深重，"为种种"病"患之所困厄"。一病就是几月，或"长病"几年，"羸瘦"如柴，"不能饮食"。越病越重，"喉"咙口"唇"，由于热度高，均得"干燥"焦破，不能说话。眼"见"东西南北"诸方"黑"暗"来侵袭。依佛法说，一个人病得口唇干裂，鼻子翘起，眼色无神，种种"死相现前"的时候，若见四方的黑暗弥漫，即是下堕恶趣的现象。到了这临死的片刻，自己病苦难堪，而"父母"以及兄弟、妻儿等"亲属"，及"朋友、知识"——师长或知心友好，见其病势沉重，医药无救，将与死神见面，不免有死别的苦切，所以"围绕"着病人，"啼"哭啜"泣"，这给病人更添无限的苦痛。人都是要死的，死时多少有一些苦痛。可是最苦痛的，是上有父母无人奉养，下有儿女无人抚育，或年轻的恩爱夫妇难离难舍，或财富多而放不下，这才是临终时的最大苦痛。

庚二　神识受报

然彼自身，卧在本处，见琰魔使，引其神识，至于琰魔法王之前；然诸有情，有俱生神，随其所作，若罪若福，皆具书之，尽

持授与琰魔法王。尔时,彼王推问其人,算计所作,随其罪福而处断之。

　　神识受报,依佛法的究竟义说,是很深奥的;今救脱菩萨为了适应末世钝根众生,故用一般的通俗说法。他说:病人当在垂危之际,虽然"自身"还是"卧在本处"的病榻上,但却看"见琰魔"王的"使"者来拘引他。琰魔,中国俗称为阎罗王,意译为平等王或双王。据说,有兄妹二人死后受生地狱,分掌统治罪人的职权,故称双王;因对罪犯的判罚公平,铁面无私,不徇人情,所以又名平等王。王的使者,或如我们人间衙门里的差役,或是生得古怪凶恶,他把病人的"神识"拘"引"到"琰魔法王"的跟"前",听候审判。在佛教里,被称为法王的有三:一是推行十善,以正法治世的转轮法王;二为铁面无私,治理地狱罪犯的琰魔法王;三即于一切法得大自在的无上法王——佛。三者虽同称为法王,而意义很有差别。

　　这里所说见琰魔使者等等,是在病重闷绝或昏迷状态之下,过去所作的业相现前,便在自己的心识上,幻现一种果报影像,并非真的死去,也不是真被琰魔使者拘入地狱。因为依佛法真义说,人如真的死了,是不能复生的。很多关于游地府见阎王的民间故事,在众生当时的心境,确有这种经历,但绝不是真已死亡堕入地狱,而只是业相的显现于心识而已。唯识学说众生有八识,这神识即系第六意识,非是第八阿赖耶识。我们见人闷绝或昏迷过去,似乎已经死亡,其实还有第八识在执持。第八识若一旦脱离躯体,生命便告结束,绝不可能复活。所以此处说神识受报的情景,纯属意识的活动作用。

　　琰魔王的裁判罪人，或轻或重，完全是以罪人自己的"俱生神"所呈报为根据。我们每个"有情"，从生下来就有一个"俱生神"，形影不离地跟踪着，"随"我们"所作"的事情，"若罪若福"，或善或恶，"皆"一点不漏地完全"书"写下来，比我们自己记的还要清楚。待我们命终之后，便原原本本"尽持授与琰魔法王"。那"时"，琰魔王就依着记事簿册，审"问"那被拘去的"人"，并且"算计"他平生"所作"的事，看到底善多恶多，然后"随其罪福"的轻重，"而处断"他该受何报。这与我国民间传说的阎罗王故事一样。

　　像以上的这种境界，在沉重的病患者中，有经验的很多，而且苏醒之后能够记得清清楚楚。不过若依佛法的真义说，这是将死而业相现前。一生作善作恶，此时皆一一清楚地浮现于自己的心前，一幕一幕过去，如在梦中所见一切境界，像真的一样。如年轻时不孝父母，后来时常抱疚于心，于是夜里就作梦，好像真的因此而受到惩罚。平时的所作所为，到了将死的前夕，业相即从神识显现出来，也是如此。

　　此中所说的俱生神，也即是众生的第八识；所谓记录善恶罪福，便是八识的熏习作用。一切种子，不管善的恶的，或是无记性的，都熏习在八识田中。有时自己都记忆不起，而它却受熏而并不失去。一举一动，作善作恶，都留下一个不可磨灭的印象在自己的八识库藏中；没有化为现行前，永远保存在那里，到将要死亡的时候，就会完全显现出来。特别是作恶的，如宰羊杀猪为业，临死时，所见的都是猪羊向他讨命索债；好杀青蛙的，见到满地尽是青蛙向他叫器吵闹。所以本经所讲见琰魔王使者等等，只是业相在心识中显现,并非真情实景。若果真造了恶业,死后当然要堕落恶趣,受种种苦逼的。假使一落琰魔死王手中,是再也不能复活。

庚三　作福续命

时彼病人亲属、知识,若能为彼归依世尊药师琉璃光如来,请诸众僧,转读此经,然七层之灯,悬五色续命神幡,或有是处,彼识得还。

病情进入死相现前的阶段,是难有生还的希望了。然而大悲慈济的药师如来,设有一消灾延寿的法门,若能依教奉行,或有复起的可能。此一方便,据救脱菩萨的指示是这样:一、"彼病人"的父母"亲属、知识"朋友等,要专诚恳至"为"他"归依世尊药师琉璃光如来";二、"请诸"高"僧"大德,一遍又一遍地"转读此"药师如来本愿功德"经";三、"然七层"长明"灯",每层七盏,共四十九盏,以象征生命光辉的延续;四、"悬"挂"五"种彩"色"的长"幡",幡上写着药师琉璃光如来的名号,叫"续命神幡",意思即延续病者的寿命。若能这样代为归依药师如来,礼请高僧读诵《药师经》,以及燃灯、悬幡供养如来,那么"或"者"有"此可能,使"彼"病人神"识得"到"还"复苏醒过来,生命得以延长。不过,这是病人寿命还没有尽,或具有善根,再加以代为归依、念佛、诵经,作了许多功德,则可因此回复生机。如寿命已尽,此生业报力尽,到了必死的时候,那是无法挽救的。故说或有是处,即或者有此可能,而不说决定。

庚四　励力行善

如在梦中,明了自见;或经七日,或二十一日,或三十五日,或四十九日,彼识还时,如从梦觉,皆自忆知善不善业所得果报。由自证见业果报故,乃至命难,亦不造作诸恶之业。

如此死相现前生命垂危的病人,若因受药师如来慈悲愿力的加被而得以扭转危机,恢复健康,那么他此后的一生,必定能够弃罪恶而进趣于善行。这因他在沉病中,被琰魔使者拘引到地狱里,亲见各种残毒可怕的刑具,犯人受罪的凄厉惨痛的景象,以及琰魔王推问审判他的情形,都曾令他毛骨悚然!他在经历这些境界的时候,"如在"睡"梦"之"中",一切"明"明"了"了地亲"自见"到。这样的情形,"或经"过"七日,或二十一日,或三十五日,或"长到"四十九日"。在这期间,因其亲属能依照前面列举的各种续命办法去做,所以他的神"识"就得"还"苏回来。那"时",他恰"如从"大"梦"中"觉"醒一般,病中所梦所见的各种凄惨苦况,历历分明,"皆"能一一记"忆"着,并且确切了"知善"业与"不善业,所"应感"得"的"果报"和生死轮回的因果情况。"由"于亲"自"身历其境,确实"证见"到"业"感"果报"的缘"故",所以自今而后,不但平时不做越轨的非法行动,"乃至"遇到"命难"——如有人威胁他的生命,逼他作恶,也宁可牺牲生命,"不"愿"造作"任何罪"恶""业"。因为他知道:死,不过一期生命的结束,还可得到未来的善报;如作了恶业,必定要堕落恶趣,受无量苦。

己三　结劝

是故净信善男子、善女人等，皆应受持药师琉璃光如来名号，随力所能，恭敬供养。"

这是结劝，即总结上述延命的方便法门，而劝大众努力修持。救脱菩萨说：以"是"之"故"，凡对药师如来有"净信"的"善男子、善女人等，皆应"依教"受持"，称念"药师琉璃光如来"的"名号"。或遇病苦缠绵，死相现前，或者无此不幸遭遇，都应"随"分随"力"，尽自己"所能"做的，用种种香、花、灯、幡等物，"恭敬供养"药师如来。

戊二　明延寿仪

己一　问

尔时，阿难问救脱菩萨曰："善男子！应云何恭敬供养彼世尊药师琉璃光如来？续命幡灯，复云何造？"

救脱菩萨在佛前开示大众，欲救病难以延命的，应该恭敬供养药师如来、燃灯、悬幡等等，但仍嫌简略，故今由阿难启问具体办法，对此方便作一番详说。救脱菩萨虽于佛前为大众说，而其真正的称机者，实为像法转时的众生；阿难体会得这点，也为彼时众生着想，因而起问。

救脱菩萨结劝大众的"时"候，"阿难"便问他说："善男子"！有病难的众生，"应"该怎样"恭敬供养彼世尊药师琉璃光如来"？同时，"续命幡"和长明"灯"又该如"何"制"造"？阿难所提出的问题，仅此两点。

己二　答

救脱菩萨言:"大德! 若有病人,欲脱病苦,当为其人,七日七夜,受持八分斋戒,应以饮食及余资具,随力所办,供养苾刍僧;昼夜六时,礼拜供养彼世尊药师琉璃光如来;读诵此经四十九遍;然四十九灯;造彼如来形像七躯,一一像前各置七灯,一一灯量大如车轮,乃至四十九日光明不绝;造五色彩幡,长四十九搩手;应放杂类众生至四十九;可得过度危厄之难,不为诸横恶鬼所持。

救脱菩萨答复阿难,先尊称一声"大德"。阿难称救脱菩萨为善男子,救脱菩萨却尊称阿难为大德;因救脱虽是菩萨,但现在家相;阿难虽属小乘行者,而现出家相,为尊重出家比丘,故称大德。救脱菩萨说:"若有病人,欲"想"脱"离"病苦",亲属朋友,或诸相识,应"当"代"为其人,七日七夜,受持八分斋戒"。同时,"应以"种种清净"饮食,及"其"余"各样"资"生用"具","随力"量"所办"得到的,多少不拘,随分"供养苾刍(比丘)僧"。又于"昼夜六时(印度古时,日夜各分初中后三时)"中,虔诚"礼拜",恭敬"供养彼世尊药师琉璃光如来"。此外,还要专心"读诵此"药师"经四十九遍"。这是答"云何恭敬供养药师如来"的问题。

下再说明幡和灯的造法及如何燃灯供养。"然"七七"四十九"盏"灯";"造"药师"如来形像七躯";在"一一"圣"像前,各"各供"置七"盏"灯;一一灯"的体"量,大如车轮"。轮有大小,所以可随力而办。灯要有人常时照应,从第一天"乃至四十九

日"（极多四十九日，如早些日病好了，一七、二七便可停止），务
使"光明不绝"。因为灯的光明，是延续生命的象征。制"造五
色"的"彩幡，长"约"四十九揲手"，印度多以揲手量物；伸长手
指，从大指端到中指端，叫一揲手。现在成人的一揲手，约六七
寸。四十九揲手，有三四丈长。此外，还要放生，"放杂类"的
"众生至四十九"数，如放鸟雀、鱼虾、爬虫之类。放生，即是解
脱其他生物的寿命之灾，使它得以延长，由此可得消灾延寿的功
德。佛教提倡不杀生、放生，处处表现这一慈善行为。如能依照
以上各种办法去做，病人便"可"以"得"到"度过危厄"的灾
"难"，不致于死，而能恢复健康，无病延年。众生的病，有时实
系邪神恶鬼的作祟，搅得病者不死不活，苦痛欲绝！如依法修持
药师法门，过去罪障得以消减，功德善根不断增长，蒙受药师如
来威力的加被，也就"不"再"为诸横恶鬼所"执"持"，而能恢复
健康了。

丁二　救国难以延命

**复次，阿难！若刹帝利灌顶王等，灾难起时，所谓人众疾疫
难，他国侵逼难，自界叛逆难，星宿变怪难，日月薄蚀难，非时
风雨难，过时不雨难。彼刹帝利灌顶王等，尔时应于一切有
情起慈悲心，赦诸系闭；依前所说供养之法，供养彼世尊药师
琉璃光如来。由此善根，及彼如来本愿力故，令其国界即得
安隐：风雨顺时，谷稼成熟；一切有情无病欢乐；于其国中，无
有暴恶药叉等神恼有情者；一切恶相，皆悉隐没；而刹帝利灌
顶王等，寿命色力，无病自在皆得增益。**

国以民立,民依国存。国家是人民的保障,人民是国家的血轮;没有人民即没有国家,没有国家也没有人民。所以,我们欲得康乐延命,必为国家祈求消灾免难。国家平宁,无灾无难,我们大家才能安居乐业,生命财产才能获得合理的保障,而过着幸福太平的生活。不然,国家多灾多难,不但生活动荡不安,即生命的安全,也随时受着很大的威胁。古语说:"宁作太平犬,不作乱世人",可见乱世人是多么痛苦! 民国以来,从抗日至现在,国家损失了多少财物,牺牲了多少生命,亿万人民尽生活在水深火热的苦难中! 因此,我们要求个人的幸福或家庭的安全,就应为国家祈求平安,减除灾难。

在现代,人类思想进步,知道国家是全体人民的,可是古时,都把国家视为帝王所有,国家的灾难,即是帝王的灾难。佛法随应当时民情,所以这里先从帝王说起。救脱菩萨再次对阿难说:"若刹帝利(王族或武士阶级)"和"灌顶王等",遇有"灾难"生"起"的"时"候。印度习俗,太子将要登王位时,即举行一种隆重的灌顶礼,取东南西北四大海水盛于瓶中,浇灌在太子头顶,近乎现代的加冕礼,故名灌顶王。国王有些什么灾难?"所谓":一、"人"民群"众"的"疾"病瘟"疫难"。从前欧洲罗马帝国非常强盛,后因人民普遍感受一种恶性疟疾,不久就衰落下来,所以疾病瘟疫对于国家也是严重的灾难。二、受了其"他"不讲道义、不守国际公约、野蛮强暴的邻"国侵"略和"逼"害而引起的灾"难"。三、在"自"己国"界"之内,发生土匪流寇的"叛逆难",如中国从前的黄巢、李闯。四、"星宿变怪难":天上的星宿,本来出落都有一定的度数,若起了特殊变化,也很可能预兆着国家的灾难来临。五、"日月薄蚀难"：依现代知识说，这只是一种自然现象；但古代印度和中国均视为人类灾难的预兆。据实说来，天文现象的变化与人生确有很密切的关系，因它的变化，可能有风灾、水灾、旱灾等。近代科学家研究，太阳有一黑圈，如果膨大起来，人心即会不安，可能引起严重的战争。总之天文的变化会影响人心，增加人与人之间的磨擦。六、"非时风雨难"：即不应当吹风下雨的时候而吹风下雨，以致酿成不可收拾的灾害。七、"过时不雨难"：即应当下雨的季节而不下雨，处处闹水荒，农作物通通被旱死。这些灾难，范围小还不要紧，若到处普遍如此，国家就危险了！

一个国家民族，若不幸遭逢上述各种灾难的扰害，应该怎么办呢？救脱菩萨开导说：身为"彼"国元首的"刹帝利灌顶王"，及辅理国务的王族权贵"等"，在那个"时"候，"应"该对"于一切有情（人民），起"大"慈悲心"。因为国家的灾难，是人民的共业所感，与人心有关；天的降灾，也即因人与人之间的不调和，缺乏同情心。所以先由国家首领生慈悲心，"赦"免牢狱里所有被"系"缚囚"闭"的犯人。或好人被冤枉的，或肯自新悔过，或被囚多年，或刑期已满，尽皆释放，畀予自由，让他们得与父母兄弟、妻子儿女团圆过活，重新做人。如此国家刑法减轻，而代以道德政治，领导民心向于慈善，使人人深具同情心，彼此容忍，和谐相处，于是和气可以致祥。这是从人事求改善的一方面。另方面，须"依前"面救脱菩萨"所说"的种种"供养之法"，至心恭敬，"供养彼世尊药师琉璃光如来"。那么，"由此"两方面的功德"善根，及彼"药师"如来本愿力"的加被，便可"令其国界"，所有灾难"即得"解除,人民"安隐"自在。应吹风即吹风,应下雨即下雨,"风雨顺时",稻"谷"农"稼"物都能"成熟"丰足。"一切有情(人民)"身体健康"无病",人人生活得十分"欢"喜快"乐"。同时,在那个"国"界内,也绝没"有暴恶"的"药叉等神"作怪"恼"害"有情",纵有也是卫护人民的善神,而且"一切"不吉祥的"恶相"——灾难的预兆,也"皆悉隐没"不现。此时人民所过的是一种安宁康乐、丰裕富足的生活。"而刹帝利灌顶王等"也因人民安定,国家升平,无所忧患操心,因此"寿命"增加,"色力"充沛,身心"无病","自在"快乐,全国上下"皆得增益"。

丁三　救众难以延命

阿难!若帝后、妃主、储君、王子、大臣、辅相、中宫、彩女、百官、黎庶,为病所苦,及余厄难;亦应造立五色神幡,燃灯续明,放诸生命,散杂色华,烧众名香,病得除愈,众难解脱。"

这是除了国王以外,而说后妃王子、文武百官以及一切庶民,也可依药师法门修持,以求除病延命。

救脱菩萨又呼"阿难"说:全国性的灾难和消除灾难的办法都已说过了,现再略谈关于帝后及臣民的消灾延命。"帝后",即国王的大夫人,古代为多妻制,帝王除皇后以外,还有其他妻妾,都名为"妃主"。"储君",即候补王位的太子。"王子",也是国王的儿子,是太子的兄弟辈。"大臣",如中国古代三公之类,为国家重臣。"辅相",是辅助大臣处理国事的大官,如现今部长次长之类。"中宫"即太监,管理王宫的事务。"彩女",是王宫中照应帝王和后妃的女子。"百官",即全国所有其他管理庶政的官员。"黎庶",即老百姓。上自后妃,下至一切民众,若"为"各种"病"苦所缠,"及"遭其"余"的水、火、风、战乱等"厄难"所困,"亦应"遵照前面指出的方法,制"造"悬"立五色神幡","燃"七七四十九盏"灯",供药师如来像前,使其延"续"长"明",勿令熄灭;此外还要"放诸生命"——如鸟雀、鱼虾、牛羊等类——及"散"各种"杂色"鲜"华";"烧"燃各种"名香"(照上面的指示,应该还有称名、诵经、礼拜等)。借此供养药师如来的殊胜功德,一切"病"苦便得"除愈",所有"众难",完全"解脱"。

这以上,虽分灾难为三大类——病难、国难、众难,而救难的方法都一样。这是救脱菩萨特地为末世众生开示的方便。

丙二　问答释疑

尔时,阿难问救脱菩萨言:"善男子！云何已尽之命而可增益?"救脱菩萨言:"大德！汝岂不闻如来说有九横死耶？是故劝造续命幡灯,修诸福德;以修福故,尽其寿命,不经苦患。"

菩萨弘传中,现为第二问答释疑。阿难听了救脱菩萨的开示,对于消灾延寿的法门心里发生怀疑,所以在此特别提出请问,以求释除疑惑。

依上面的开示,众生凡有病患或遭其他厄难,无论如何险恶,甚至已经死相现前,只要按照药师法门去履行,都可仗佛愿力加被,获得免难延命。然而依佛法说,人的生存或死亡系决定

于其自身的因果业报;因果,是必然而不变的法则,应死即死,如
瓜熟蒂落,谁也更移不了,何能消灾而不死?"阿难"对此疑惑
不解,故"问救脱菩萨"说:"善男子"! 众生"已"经终"尽"的寿
"命","何"得还"可增益"延续?"救脱菩萨"答道:"大德! 汝
岂不"曾听"闻如来说"过"有九"种"横死"吗? 佛在经中曾说
众生有九横死。这里所谓消灾续命,便是对那不该死而惨遭横
死的人说的。如人寿该活一百岁,但由于种种恶劣因缘的牵制,
只活了二三十岁就死了,这即是不该死而死的。以"是"之
"故",特"劝"导众生制"造续命幡"和燃"灯"供养三宝,"修诸
福德"资粮;"以修福"德的缘"故",便可"尽其"应得的"寿命",
平安稳健地活下去,直至真正寿终,绝"不"再"经"任何不幸的
"苦患"。

**阿难问言:"九横云何?"救脱菩萨言:"若诸有情,得病虽轻,
然无医药及看病者,设复遇医,授以非药,实不应死而便横
死。又信世间邪魔、外道、妖孽之师,妄说祸福,便生恐动,心
不自正,卜问觅祸,杀种种众生,解奏神明,呼诸魍魉,请乞福
祐,欲冀延年,终不能得;愚痴迷惑,信邪倒见,遂令横死,入
于地狱,无有出期——是名初横。**

"阿难"又"问":"九"种"横"死是什么样的?"救脱菩萨"
说:"若诸有情",因四大不调,"得"了毛"病"。起初病"虽轻"
微,"然"而没有"医"生诊治,不服汤"药",以"及"没有"看"护
"病"患的人,这样慢慢拖延,病患一天沉重一天,终于不治身
死。"设复遇"到"医"生,但系庸医,医术不高明,乱开药方,"授

以"不合病症的汤"药","实"在"不应"该"死"的,"而"被误害致遭"横死"。另外"又"有一种人,舍三宝正法不信,而"信世间"一般思想不正、自害害人的"邪魔、外道、妖孽"巫"师",听受他们谣言惑众,"妄说祸福"。如假借神鬼附体,胡说什么窥得天意,某地方某日某时将降天祸,或说某人某日某时将有大祸临头,可能要丧身失命。这么被他一吓,"便生恐动",极度慌张,把握不住自己,日夜忐忑不安。"心"思"不"能"自正",于是想出许多蠢笨办法,如看相算命,抽签"卜"卦,"问觅祸"根,听凭邪师指示,宰"杀"猪羊等"种种众生",作法祭祀,禀"奏神明",求其"呼"遣鬼神"魍魉"帮忙,"请乞"消灾纳"福",保"祐"平安,以"冀"长命"延年"。可是,"终"于"不能得"到效果。因为心思不正,"愚痴"无智,颠倒"迷惑",轻"信邪"魔外道,起"倒"乱"见",杀生作孽,罪恶累重,结果"遂令横死",而且死后还得"入于地狱",受无量苦,"无有出期"。这就"名"为"初横"。

二者,横被王法之所诛戮。三者,畋猎嬉戏,耽淫嗜酒,放逸无度,横为非人夺其精气。四者,横为火焚。五者,横为水溺。六者,横为种种恶兽所啖。七者,横堕山崖。八者,横为毒药、厌祷、咒诅、起尸鬼等之所中害。九者,饥渴所困,不得饮食而便横死。是为如来略说横死,有此九种。其余复有无量诸横,难可具说。

　　救脱菩萨对于九横死的解说,初横讲得较为详尽,后面八横,都极其简略。

　　第"二"横死,即因做了危害国家人民的事情,触犯了国法,罪至死刑;或确无罪过,而受冤枉,"横为王法"(国法)"所诛戮"。第"三",欢喜"畋猎"鸟兽,赌博等"嬉戏","耽"于"淫欲,嗜酒"如命,这大多是些哥儿少爷,或无赖流氓,有闲不务正业,终日游荡,"放逸无度",于是"横为非人夺其精气"。因行为放荡不羁,狂嫖烂赌,或逢酒必醉。如此精力一天天消耗减损,加以心绪邪乱,邪神恶鬼恰可乘虚而入,夺其精气而置之死地。第"四","横为火焚",如丧身失火场所,或遇世乱,死于炮火之下。第"五","横为水溺",如惨逢水灾,被洪水冲没,或平时掉河而死,或乘船遇难溺毙海洋。第"六","横为"毒蛇、疯犬、狮子、虎狼"种种恶兽所啖"食。第"七",因不小心,"横堕"于"山"坑险谷,悬"崖"断壁,而死于非命。第"八","横为毒药、厌祷、咒诅、起尸鬼等之所中"伤、毒"害"而死。第"九",或因没有能力谋生,或遇大荒年,为"饥渴所困,不得饮食,而便横死"。这一切都是未尽天年,而突遇意外丧命的;虽然死的方式各有不同,但总而言之,都是不应该死、死得不寻常的,因此叫做横死。

　　这便"是""如来略说"的"九种""横死";"其余"尚"有无量"无数的"诸"种"横"死,此处"难"以一一"具说"。救脱菩萨所开导的延命方便,即是专为拯救这些将遭横死的众生,因其寿命未尽,若能如所指示各项办法去修持,依药师如来慈悲愿力的加被,是可以挽救的,但如年老寿尽,则死数已定,佛菩萨也难能为力。

丙三　结劝修度

复次,阿难! 彼琰魔王主领世间名籍之记,若诸有情,不孝五逆,破辱三宝,坏君臣法,毁于性戒,琰魔法王,随罪轻重,考

而罚之。是故我今劝诸有情,燃灯造幡,放生修福,令度苦厄,不遭众难。"

救脱菩萨代佛弘传的消灾延寿法门,主题到此已经说完,现作总结,劝告大众修持,以期度脱苦厄。

救脱菩萨又说:"阿难!彼琰魔王主领世间名籍之记"。上说琰魔王是地狱主,这里又说他是主领世间的名籍,似乎有些出入。琰魔王实只是主管世间的罪恶众生,作善的,往生净土或生天国,根本不经地狱,他实管不到。名籍之记,以现代话说,即登记众生犯过的名籍簿。"若诸有情",作种种重罪,如"不孝",即对于父母不予奉养,或随便辱骂殴打。父母——特别是母亲,更是恩重如山,十月怀胎,三年乳哺,移干就湿,咽苦吐甘,经过千辛万苦才渐抚育成人,不知报恩,反而做出不孝行为,真是罪不可逭!"五逆":一、弑父。二、弑母——这比不孝父母,罪更严重。三、弑阿罗汉,即杀害出世圣者。四、出佛身血,如佛在世时,提婆达多推石害佛,令佛足伤破出血。五、破和合僧,即挑拨和合僧团,使原来和乐清净的大众发生磨擦、隔膜,彼此烦恼,不能安心办道。一切罪恶,以此五逆为最重。还有"破辱三宝"的,对佛法僧或加侮辱,或广为宣传毁谤,或破坏寺院佛像,焚烧经书等。"坏君臣法",君主为国家元首,即是代表国家,故对君应尽忠,若不忠而倒戈叛乱,即名坏君臣法。"毁于性戒",杀盗淫妄为性戒,受戒或不受戒,犯了皆有罪过。"琰魔法王"依据名籍簿的记录,"随"众生犯"罪"的"轻重",按法"考"问审讯,"而"加以应得的处"罚"。如犯以上所举出五逆不孝等罪的,即堕地狱。最后救脱菩萨提示道:"是故我今"力"劝"一切"诸有情”，依照上面开示的方法，一面散花、烧香、“燃灯、造幡”，恭敬供养如来，以及“放生修福”；一面精进称念药师如来，诵《药师经》，发露忏悔。仗此功德福力，当可“令”其“度”脱一切“苦厄”，而得消灾延寿，“不”复“遭”受“众难”的困恼。

乙三　药叉誓护

尔时，众中有十二药叉大将，俱在会坐，所谓：宫毗罗大将，伐折罗大将，迷企罗大将，安底罗大将，頞儞罗大将，珊底罗大将，因达罗大将，波夷罗大将，摩虎罗大将，真达罗大将，招杜罗大将，毗羯罗大将。此十二药叉大将，一一各有七千药叉以为眷属，同时举声白佛言：“世尊！我等今者，蒙佛威力，得闻世尊药师琉璃光如来名号，不复更有恶趣之怖。我等相率，皆同一心，乃至尽形归佛法僧，誓当荷负一切有情，为作义利饶益安乐。随于何等村城，国邑，空闲林中，若有流布此经，或复受持药师琉璃光如来名号恭敬供养者，我等眷属卫护是人，皆使解脱一切苦难；诸有愿求，悉令满足。或有疾厄求度脱者，亦应读诵此经，以五色缕，结我名字，得如愿已，然后解结。”

当救脱菩萨详尽阐述了消灾延寿的药师法门之后，就有很多深受感动的药叉大将及其眷属，同时发愿护持此法。药叉，有的译为夜叉，系鬼趣所摄，力量极其强大，印度民间对它的信仰至为普遍而深固。药叉多住在天上，或深山穷谷、偏僻海岛，或游离虚空，行迹不定。我国道士炼丹修道而得飞升，情形与它有些类似。药叉的性情不一，有的穷凶极恶，有的善良和顺；如护

持佛法的,即是温纯而善良的药叉。在佛教的护法神中,它占有
很重要的位置。像四大天王中,手执宝剑的那位毗沙门天王便
是药叉群里的首领。药叉的性别也有男女,中国人以为母药叉
丑陋而凶恶,故每以母夜叉形容泼辣的女人,其实男性药叉才真
丑恶难看,女药叉则多半生得如花似玉,天女一般的美丽。现今
所说,即是指对于佛教有信心、热忱护法的善良夜叉。

　　救脱菩萨的开示告结束"时",在大"众中,有十二"个"药叉
大将,俱"参预药师法"会",静"坐"谛听如来说法。在毗沙门天
王统摄下的药叉,部属很多,而这十二位为领导者,故名大将。
现依其名次,略为解释:(一)"宫毗罗大将",意译为蛟龙,顶有
金龙相。它住在王舍城的一个山上,与佛教有密切关系,可说是
最有功绩的一位护法药叉。佛在世时,它以赤诚心处处护法。
有一天,释尊从灵鹫山麓经过,提婆达多暗中由山顶推下一块大
石头想击害释尊,为宫毗罗所见,连忙用金刚杵迎击,巨石便即
粉碎,仅一小块落在佛趾上,微微破皮出血。由此一例,可见它
对佛法的忠诚!(二)"伐折罗大将"(金刚),(三)"迷企罗大
将"(金带),(四)"安底罗大将"(破空山),(五)"頞儞罗大将"
(沉香),(六)"珊底罗大将"(螺发),(七)"因达罗大将"(主),
(八)"波夷罗大将"(鲸),(九)"摩虎罗大将"(蟒蛇),(十)"真
达罗大将"(一角),(十一)"招杜罗大将"(严炽),(十二)"毗
羯罗大将"(工艺善巧)。

　　"此十二"位"药叉大将,一一"各统摄"有七千药叉""为眷
属",他们都来参加法会。据药师仪轨说:一年十二月,每天十
二时辰,由每一药叉大将轮值守护。然另有更深的意义,即药师

如来成就了十二大愿,因有十二药叉大将,每一药叉为每一大愿的象征;也可以说,十二药叉即等于药师如来的化身,以现药叉身而推行佛法。佛现佛相,是解脱相;现菩萨相,是慈悲相;现金刚、药叉相,表示威严勇猛,能降服一般刚强难调的众生,及能摧毁一切邪魔外道。所以金刚、药叉的形像,总是竖眉怒目,显出凶猛可怕的样子。

十二药叉大将各领七千眷属,"同时举声"向佛宣誓说:"世尊! 我"们"今"天能够"蒙佛威力,得闻世尊药师琉璃光如来"的"名号",便"不"再感"有恶趣"的恐"怖"了。闻佛名号,一面是宿植善根,一面要承佛威力加被,否则是听不到的。药师如来有无量功德,无边行愿,只要一闻其名号,即可罪障冰除,福慧增长,所以药叉们闻了药师圣号,便没有再生恶趣的恐怖了。药叉属鬼趣所摄,尽管福报大,力量强,但到底离不了恶趣(鬼为三途之一),仍然要感受恶趣的苦痛;今闻佛圣号,不但身心安宁不复恐怖,且得于佛前发愿护持佛法,培植善根,来生解脱恶趣。像在黑暗中摸索而恐惧的孩子,只要听到母亲的音声,一切恐惧心理便可解除,而能勇往直前,奔向光明的坦途。药叉听到药师如来的圣号,蒙受佛力加被,佛光惠照,顿息恶趣的恐怖,此恩德是多么深厚呢! 药叉神将为了表示报答佛恩,故禀告佛说:"我等相率,皆同一"条"心",自今而后,"至尽形"寿而死,"归"依"佛法僧"三宝,并且发"誓",要"荷负一切有情,为作"种种"义利",令其脱离苦厄,"饶益安乐"。受了佛的慈济,知道佛法的好处,而发心归依三宝,利济有情,这原是应该的。可是我们人类,有的比药叉还不如,听闻如来的胜法,得到佛法的好处,而却不能发菩提心,利乐众生,甚至归依三宝也不能切实办到;人而不如鬼趣的药叉,说来是够惭愧的！药叉发心护持佛法,利益众生,并不是在佛前说说而已,而且在行动上要有所表现,所以说:"随于何等村"庄、"城"市、"国"都、县"邑",甚至"空闲"的树"林中","若有流布此"药师"经,或复受持药师琉璃光如来名号",或设种种供具,"恭敬供养"药师如来,"我等"药叉大将,及所有"眷属",一定经常"卫护是人","使"他们"解脱一切苦难",而"诸有"情的"愿求,悉令满足"。如"有疾"病"厄"难而"求度脱"的,"亦应"一心"读诵此经";同时,要"以五色缕,结我"们十二药叉大将的"名字",等到病苦灾难解除,"得如愿已,然后解"开缕"结"。这是祈求消除病难的一种特殊方法。关于打结,向来有两种说法:一说用五色丝线织成十二个药叉大将的名字;一说称念一位药叉大将的名字,就用五色丝线打一个结,如次念十二名字,打十二个结。两者比较起来,后说简便而近情。这打结办法,可说是一种互通信息的工具。在没有文字之前,古人都用打结记明事物;发生一件事情,打一个结,看结就晓得什么一回事。药叉沿用此法,教众生遇灾难时,念它名字打一个结,它就知道前来护持。又如现代遇急难时,打一通电报或写一封快信给朋友,他便会赶来援救。所以念一大将名字打一个结,即是请其护持的表示。待病患痊愈,厄难息除,然后将结解开。

尔时,世尊赞诸药叉大将言:"善哉！善哉！大药叉将！汝等念报世尊药师琉璃光如来恩德者,常应如是利益安乐一切有情。"

　　释迦"世尊"以药叉们能够如此发心护法,利济有情,极为难得,故称赞它们说:好极了! 好极了!"药叉大将"!"汝等"能知"念报世尊药师琉璃光如来"的慈济"恩德",确实"常应如是利益安乐一切有情"! 佛弟子中有两类人:一是报佛恩的,一是欠佛债的。佛的教诲,原是一面修行了生死以自利,一面济度众生以利他。但有一分学者,却只顾到自了生死的一边,而不管众生的苦难,这叫不知报佛恩的负欠佛债者。另有一分弟子,能畅达如来本怀,不但要求自了生死,而且处处以救度众生为前提,切实表现自未得度先度人的精神,这即知报佛恩。我们学佛,应该学报佛恩,切勿作一欠佛债者!

甲三　流通分

乙一　阿难问名

尔时,阿难白佛言:"世尊! 当何名此法门? 我等云何奉持?"佛告阿难:"此法门名说药师琉璃光如来本愿功德;亦名说十二神将饶益有情结愿神咒;亦名拔除一切业障。应如是持。"

　　正宗分已讲完,现说流通分。即为了使此正法透过悠久的时间、广大的空间,永久而普遍,流化不绝。先是阿难问名,即请示经题。题能摄义,有了经题,才能把一部经的要义统摄起来;令人一望经题,便可了解其中要义。又题为全经要领,有经题,才易于记忆受持。

　　当释尊称赞药叉大将的护法胜举之"时",阿难即向佛请示道:"世尊"! 应"当"以"何名"称,称上来所说的"此"一"法门"?"我等"弟子及末法众生,应当"云何奉持"? 于是,"佛告"诉"阿难:此法门"有三个名称:一、"名说药师琉璃光如来本愿功德",即此经通用的题名。二、"亦名说十二神将饶益有情结愿神咒",即药叉誓护一节;因其灵感神速,故名神咒。三、"亦名拔除一切业障",众生的种种灾难,即过去与现在生中业障所感,现受持此药师法门,便可拔除一切业障,而得消灾免难,植福延寿,故得此名。"应如是持",即是说:牢记此三个经题,依其意义的提示,去恭敬受持。

乙二　大众奉行

时薄伽梵说是语已,诸菩萨摩诃萨,及大声闻;国王、大臣、婆罗门、居士,天、龙、药叉、健达缚、阿素洛、揭路荼、紧捺洛、莫呼洛伽,人、非人等,一切大众,闻佛所说,皆大欢喜,信受奉行。

这是大众奉行,佛说完每部经,都有此一段。

当"时,薄伽梵(世尊)说"完此经,在座的"诸菩萨摩诃萨,及大声闻"众,还有"国王、大臣、婆罗门、居士"等人众,和"天、龙、药叉、健达缚、阿素洛、揭路荼、紧捺洛、莫呼洛伽"等非人众。天、龙、药叉三名,上已解说过。健达缚,即乾闼婆,是一位天乐神,诸天有了盛会,均由它奏乐,可说是天国的音乐家。阿素洛,即阿修罗(解释见上文)。揭路荼,即迦楼罗,系一大鸟,因其翅膀金色,也名金翅鸟。此鸟身体极为庞大,中国庄子说有大鸟,能高飞九万里,似乎即指此鸟。紧捺洛,即紧那罗,它也善歌能舞,唯头生一角,究竟是神是人,令人莫辨,故名为疑神。莫呼洛伽,即摩睺罗伽,是大蟒蛇。如此"人(国王大臣等)、非人

（天龙八部）等，一切"在会"大众，闻佛所说"的微妙法门，个个"皆大欢喜，信受奉行"。

　　一切佛法，不是听过或知道就算了事，必须以信心去接受、去领略。佛说："若有信心得欢喜"，有清净信心，才能深切地理解佛法，知道佛法的广大利益，而把自己的身心陶融于无边法喜之中！像上面药师法会的听众，无论是声闻众、菩萨众，或是人天众，都充满了法喜。这因为，他们都具有纯正而坚强的绝对信心；以此信心领受高度的法乐，然后才能切实依教奉行。我们修学佛法，应该如此，对于自身才有真实受用；对于佛法，也才能永久流传下去，不断饶益众生。

　　现在，这《药师经》讲完了，希望大家也生清净心、欢喜心，依着经中的指示，信受奉行！才不辜负药师如来的大悲愿和我们幸闻佛法的此生！

　　　　　　　　　　一九五四年秋讲于台北善导寺

🔶 中华书局

| 初版责编 | 陈　平 |